讲演集
法译馆

Some Landmarks of Twentieth Century Contract Law
by Sir Guenter Treitel
Copyright © Sir Guenter Treitel 2002.
Some Landmarks of Twentieth Century Contract Law was originally published in English in 2002. This translation is published by arrangement with Oxford University Press and is for sale in the Mainland (part) of the People's Republic of China only.

〔英〕冈特·特雷特尔 /著
杨 帆 /译　易继明 /校

二十世纪合同法的几个里程碑

Some Landmarks of Twentieth Century Contract Law

北京大学出版社

著作权登记号：01-2006-7527

图书在版编目(CIP)数据

二十世纪合同法的几个里程碑/(英)特雷特尔著；杨帆译；易继明校．—北京：北京大学出版社，2009.9
(法译馆·讲演集)
ISBN 978-7-301-15854-8

Ⅰ.二… Ⅱ.①特… ②杨… ③易… Ⅲ.合同法-研究-英国 Ⅳ.D956.13-53

中国版本图书馆 CIP 数据核字(2009)第 167650 号

书　　名：二十世纪合同法的几个里程碑
著作责任者：〔英〕冈特·特雷特尔　著　杨　帆　译　易继明　校
责 任 编 辑：白丽丽
标 准 书 号：ISBN 978-7-301-15854-8/D·2425
出 版 发 行：北京大学出版社
地　　　址：北京市海淀区成府路 205 号　100871
网　　　址：http://www.pup.cn
电 子 邮 箱：law@pup.pku.edu.cn
电　　　话：邮购部 62752015　发行部 62750672
　　　　　　编辑部 62752027　出版部 62754962
印　刷　者：北京宏伟双华印刷有限公司
经　销　者：新华书店
　　　　　　890 毫米×1240 毫米　A5　5.5 印张　143 千字
　　　　　　2009 年 9 月第 1 版　2009 年 9 月第 1 次印刷
定　　　价：15.00 元

未经许可，不得以任何方式复制或抄袭本书之部分或全部内容。
版权所有，侵权必究
举报电话：010-62752024　电子邮箱：fd@pup.pku.edu.cn

《法译馆·讲演集》编委会

主　　　编　易继明

编委会成员　（按照拼音顺序排列）：

　　　　　　常鹏翱　陈绪纲　杜　颖

　　　　　　李红海　渠　涛　涂永前

　　　　　　许德峰　易继明　邹记东

目录 Contents

导读	i
序言	vii
导论　讨论的范围	1
一　变更合同的协议	15
二　关于合同相对性原则的论战	53
三　合同条款的种类	109
案例表	140
法规表	150
索引	153

导　读

本书作者为英国著名法学家冈特·特雷特尔爵士（Sir Guenter Treitel）。特雷特尔出生于德国，幼年时来到英格兰，父亲是柏林的著名律师。特雷特尔是民法博士（DCL），英国社会科学院院士（FBA），英国王室法律顾问（QC）。[1] 他于1997年退休。由于对法学领域所做的突出贡献，他被封为爵士。特雷特尔爵士自1979年起就成为牛津万灵学院的成员[2]，并且在1954年至1979年之间为莫德林学院[3]的成员。

特雷特尔爵士被斯泰恩法官誉为"英语世界合同法领域最杰出的学者"，并且他一直被认为是英国合同法领域的权威，其主要著作有《合同法》等。本书根据特雷特尔爵士在牛津大学克拉伦敦法学演讲上所作的三场演说整理而成。克拉伦敦演讲是牛津大学的一个传统活动，此系列讲座的目标是邀请牛津大学访问学者就某一特定领域做三次演讲，法学领域的演说也是克拉伦敦演讲内容的重要组成部分。特雷特尔爵士于2001年在牛津大学作了三场关于合同法问题的演讲，后经整理成为现在的文稿。

---

〔1〕 DCL, Doctor of Civil Law; FBA, Fellow of British Academy; QC, Queen's Counsel.

〔2〕 牛津万灵学院属于牛津大学联盟中的一所学院，是为了祭奠百年战争中烈士们的英灵而建立的。与其他牛津学院的不同之处在于，它没有自己的学生。每一年，万灵学院都会补充新成员，即邀请牛津大学中最优秀的学生参加由万灵学院组织的一场考试，其中最出色的两名学生将会成为万灵学院的新成员。能够成为万灵学院的成员，在英国被认为是一种最高的荣誉。今天，万灵学院主要是一个学术研究机构。

〔3〕 莫德林学院以人类学为主要研究领域，在牛津大学城的一隅，坐落在柴威尔河畔，后方是宽广的鹿园，环境清幽舒适。

很显然,特雷特尔爵士在这三场演讲中选取了英国合同法中最重要的三个领域。它们分别是:"变更合同的协议"、"关于合同相对性原则的论战"以及"合同条款的种类"。用特雷特尔爵士给本书所取的标题来描述,演说的内容是英国合同法在 20 世纪的三个里程碑。正是通过这三个方面的发展,英国合同法日趋复杂与成熟。当然,这些理论也是伴随着英国判例法的发展而发展起来的。

在演说的开始,特雷特尔爵士就定下了这三场演讲的基调、范围和方式。他以案例为引子和基础,通过对冗繁复杂案例的梳理,分析在不同时期不同情形下法官们对案例的态度、原则和方式。同时,通过立法者对此所作出的反应,归纳出合同法领域那些里程碑式内容的发展。由此,特雷特尔爵士提出了他自己对英国合同法发展方式的见解。他认为,适合英国合同法发展的路径和模式以司法实践和判例发展为基础,辅之以适当的立法;那种试图通过法典编纂形式对合同法进行改革的设想,并不适合英国的法律文化和法制土壤。

第一部分从著名的 *Stilk v. Myrick* 案引出英国合同法中的"约因"理论。约因理论在英国合同法中有着悠久的历史,并在 19 世纪成熟和定型,即"获益—受损约因论"(benefit-detriment consideration)。英国合同法中最独特的地方在于合同构成要件上对"约因"的要求,即一个有拘束力的合同不仅需要有要约和承诺,还需要约因。约因在本质上是交易的基本要素,是与要约和承诺并列的构成交易的不可分离的组成部分。[4] 正如前文所提到的,英国合同法理论的发展是由很多重要案例来推动的,约因理论的发展也不例外,最经典的案例即特雷特尔在开篇时就提到的 *Stilk v. Myrick* 案。此案确立了一项法则,即受允诺人履行

---

[4] C. J. Hamson, "The Reform of Consideration", 54 *L. Q. R.* 233 (1938), p. 234.

已经存在的义务不能成为新的允诺的约因。随后提到的 *Williams v. Roffey Bros & Nicholls(Contractor) Ltd.* 案涉及合同的变更,也是合同法发展史上一个不能不提的案例。参与审判的几位法官从不同的角度提出对该原则的质疑,并提出了"经济胁迫"(economic duress)的概念。这与传统的 *Stilk v. Myrick* 案所确立的原则迥然不同。当决定是否实施一个允诺时,法院首先考虑的不应是约因的技术性要求,而应该考察协议是否建立在公平合理的基础之上,由此导致"胁迫论"对"约因论"的挑战。此外,特雷特尔爵士还提到 *D&C Builders Ltd v. Rees* 案和 *Foakes v. Beer* 案。这两起案件的判决结果都一样,即判决给予原告方追索余款的权利。

特雷特尔爵士在第一部分所提及的案例,都无一例外地想告诉我们一个基本观点:"胁迫"的理论重点在于讨论合同是否是当事人真实意思的体现以及合同当事人的交易能力是否平等,即追求实质的公平正义。这与古典契约理论中固守的客观主义和形式主义则完全不同。虽然学界对"经济胁迫论"与传统的"约因论"的关系还没有定论。但"胁迫论"与后来的"禁止反言",都是对传统"约因"理论的重大挑战。

特雷特尔爵士演讲的第二部分是有关合同相对性原则的论战。合同相对性原则是英国普通法上历史悠久的制度[5],哈尔

---

[5] 合同相对性原则作为英国的判例规则最早起源于1861年著名的 *Tweddle v. Atkinson* 案。在该案中,原告要娶被告的女儿为妻,被告答应原告的父亲说会给原告一笔 200 英镑的嫁妆,并约定原告有权在普通法法院或衡平法法院提出诉讼,追讨承诺的款项。后来,原告特威得尔控告被告阿特金斯,法院裁定原告败诉,认为"现代的案件推翻了旧的判例,约因必须由有权就合同提出诉讼的人提供",原告不是合同当事人,无权要求履行被告与其父亲的合同。

在 1915 年的 *Dunlop v. Selfridge* 案中,合同相对性原则被英国上诉法院确认为一项基本原则。原告作为车轮胎的制造商,将其轮胎出售给批发商。合同中要求批发商不得低于某价格转售,并要求批发商以原告代理身份从买方取得书面承诺,同意维持原告的标价。被告从其批发商购入一批货物,签署了承诺。原告就被告违反承诺、以低于指定价格出售货物为由提出诉讼。法院判决原告败诉,因为原告与被告之间并无合同关系,原告对被告的行为没有提供约因,所以无权对被告提出请求。

丁法官曾说:"在英国法中,有些原则是基础性的。其中之一就是只有合同的当事人才能就该合同提起诉讼。我们的法律不知道什么因合同产生的第三人的权利。"在司法实践中,合同相对性原则表现为要求法律不过问由合同引起的第三人的权利,但毫无疑问,这种规定或要求带来了诸多不便以及不公正的后果。现代社会中,经济生活复杂多变,合同关系也不仅仅拘囿于简单的双方当事人;很多情况下,合同当事人在订立合同时存在希望使第三人获益的意图,但最后由于合同相对性原则致使非合同当事方的第三人的希望遭到破灭,第三人无法直接主张原本应归属于自己的利益。另外,合同相对性原则还有一个很明显的弊端,即可能导致有关合同当事人逃避其依合同本应履行的债务,或是绕开合同而获得本不应得之利益等不公正的后果,从而导致不公平的社会现象。

从总体上讲,英国是一个保守主义的国家。尽管出现以上的弊端和漏洞,但英国司法体系仍严格坚持合同相对性原则。不过,越来越多的司法案例也使法院逐渐意识到,应该在一定情况下对第三人利益进行保护,以避免由于严格坚持合同相对性原则所可能带来的不便与不公正。因此,英国法院通过一系列的判例建立了许多合同相对性原则的例外规则,比如特雷特尔爵士在演讲中所提到的 *Elder Dempster* 案、*Adler v. Dickson* 案、*Midland Silicones* 案以及 *Beswick v. Beswick* 案。这些例外,主要涉及代理、合同债权转让、海上货运、准合同、流通票据、信托[6]、保险、土地等方面。

其实,英国法律界要求改革甚至取消合同相对性原则的呼声一直不断。1937 年英国法律改革委员会在一份改革约因制度的

---

〔6〕 通过信托来规避合同相对性原则曾是英国法院经常采取的一种方法,法院若认为应给第三人以救济,就得以将当事人订立合同的行为解释成为第三人设立信托、透过信托来赋予第三人强制执行为其利益设立的合同的权利。但现在,法官已由逐渐限制到几乎全部反对适用信托的方法。

著名报告中,就曾建议废除合同相对性原则。[7] 同时,司法界的一些著名法官对此原则也持有异议,如丹宁法官,就坚决反对合同相对性原则。在此形势下,1999 年 11 月英国议会通过了 1999 年《合同法(第三方权利)》。该法案以成文立法的形式,对合同相对性原则进行了改革,明确赋予了非合同当事方的第三人在一定情况下要求强制履行相关合同条款的权利。[8]

特雷特尔爵士在演讲的最后一部分谈到了合同条款的种类。在 19 世纪的英国,法院开始将合同条款按照其在合同中的性质划分为"条件"(condition)条款和"担保"(warranty)条款。"条件"条款是对事实的陈述或者一个允诺,构成了合同的基本条款。如果对事实的陈述被认为是不真实的或者允诺未被履行,那么无过错方可将此种违反作为毁约,并使他从合同的继续履行中解脱出来,即解除合同。"担保"条款作为合同中次要的和附属性的条款,当它被违反时,并不能够使无过错方以毁约的方式来处理,只能够请求损害赔偿而不能请求解除合同。

产生于 19 世纪的英国普通法上的合同条款分类方法在 20

---

[7] 参见〔英〕A.G.盖斯特:《英国合同法与案例》,张文镇等译,张文镇校订,中国大百科全书出版社 1998 年版,第 391—393 页。
[8] 该法案共由 10 个条文组成,其主要内容包括以下几个方面:
(1) 赋予第三人要求强制履行合同条款权利的一般规定;
(2) 合同当事人变更和解除合同的限制性规定;
(3) 允诺人援引抗辩事由的规定;
(4) 受允诺人强制履行权利规定及允诺人双重责任承担防止;
(5) 赋予第三人权利的例外规定;
(6) 仲裁条款。
当然,该法案只是部分地修正了合同相对性原则,而并未对其进行全面否定。法案的规定只涉及第三人权利的问题,即只涉及合同当事人将合同上的权益给予第三人时第三人如何实现此权益的规定,而并未改变合同相对性原则的另一方面内容:合同当事人不能将合同义务加诸合同外的第三人。而且,该法案对第三人要求强制履行合同权利的取得作了较为严格的限制。首先是对"第三人"范围的限制。其次,在法案规定的一些情形下,非合同当事方的第三人可以被视为具有合同当事人的地位,行使相关权利。但是,也只有依据这些规定,第三人才有此法律地位,而不能将此推广到其他情形。此外,第三人行使权利并非毫无限制,允诺人可以对其主张行使相应的抗辩权。

世纪有了新的发展。英国法官通过判例发展出一类被称为"中间条款"(intermediate terms)的合同条款,对非违约方的合同解除权进行了限制。由此就打破了19世纪过分强调条款性质的"条件"和"担保"分类,开辟出了一个更富于弹性的基于违约及其后果严重程度的检验方式。如果合同不履行并非违反"条件"条款,而是违反了"中间条款",非违反方当事人将自己从继续履行中解脱出来的权利将取决于违约及其后果的严重程度。近年来,英国法院不断扩大"中间条款"的适用范围,除了法律或合同明文规定了为"条件"或"担保"的条款之外,几乎所有条款都可以被视为"中间条款"。因此,英国普通法经历了一个从以所违反的合同条款的性质为依据到以违约及其后果的严重程度为依据的过程,由此来判断是否构成根本违约。

诚如特雷特尔爵士所言,20世纪的案件数量远远超过19世纪,这也是英国合同法在过去100年间发展得如此迅猛的原因之一。丰富多彩的民事活动酝酿了数量巨大的民事案件;多种多样的民事案件又推动着合同法按照不同的路径和方式进行变革和发展。特雷特尔爵士的演讲,正是以翔实的案例和深入的剖析为我们展示了20世纪合同法发展的壮丽画卷。

易继明

于华中科技大学东二区401室

2009年7月20日

序　言

我于 2001 年 10 月在牛津大学有过三场克拉伦敦法学演讲*，这本书根据当时的演讲内容整理而成，并保留了演讲的风格，虽然我不敢妄称能在短短的三次演讲中表达完本书的所有内容。

在这里，我得承认我的研究得益于英国司法机构，也（由此推定）间接地得益于英国律师界。没有他们的聪明才智、创造力和独创性，我将不会这么长时间一直沉湎于英国合同法的研究工作。事实就是这样的，我迷恋英国合同法领域的研究已长达 40 年之久。这也反映在我演讲中所关注的内容几乎都是合同法领域内司法发展的主要成就。当然，我偶尔斗胆表达的对这些案件推理过程的怀疑，绝对不会掩盖或减损我从英国司法机构和律师界获得的受益。

从个人感情上讲，我十分感谢英国皇家顾问彼特·伯克斯（Peter Birks）教授，不仅仅是因为他在我退休之后还盛情邀请我发表合同法领域的演讲，更是因为在我研究遇到困难，研究主题的难度也许已经或者似乎超出我的能力时，他所给予我的可靠的

---

* 即 Clarendon Law Lectures。克拉伦敦法学演讲肇始于 1995 年。作为牛津大学出版社和牛津大学法学院的一次联合尝试，此系列讲座的目标是邀请牛津大学访问学者就某一特定的法学领域做三次演讲。为了吸引具有最高学术水准的演讲者前来讲学，牛津大学法学院把此系列讲座作为其工作的重点。活动的发起者也希望能够把学者的演讲内容传递给学校的非法学专业学生。演讲文稿由牛津大学出版社每年定期出版。

支持和不断的鼓励。另外,我十分感激这本书的出版者,他们对我十分热情,还花费很多精力把我的演讲手稿打印出来,并在其他许多方面给予我帮助和支持。

冈特·特雷特尔
2001年12月于牛津

导 论

讨论的范围

五年半前我在这里发表过一次演讲。我在演讲的最后提到,那将是我在牛津大学发表的关于合同的最后一场演讲。毫无疑问,当时(1996年春季学期的最后一个周五上午)为数不多的几位听众听到我这么说感到非常高兴。如果那天相信了我所说的话的听众今天也在场的话,我是否能够继续做这个系列的演讲至少是有争议的;但我想,今天在座各位,要么太年轻,要么过于年长,要么具有非常的鉴别力而当时不在场。因此,今天我将遵守四年前向彼特·伯克斯作出的承诺,他建议我把这些研究成果从故纸堆中拿出来,继续这个专题的演讲。

然而,从那时起,我愈来愈觉得履行这个承诺是件苦差事。第一个困难在于,在过去四年里,很多学者都发表过合同法领域的演讲,这些演说者的洞察力、智慧和学识是我无法企及的。第二个困难则是我自己施加给自己的,而且蕴藏在我的演说题目之中——20世纪合同法的几个里程碑。首先,我很清楚我会因为追溯过去的历史而受到学界的批评,因为目前学界的研究趋势是向前看。学者们肯定希望我能多谈谈21世纪合同法的发展趋势。但是,我相信我在这一点(也许是我唯一擅长的)上有坚实的研究基础。如果设想一位一百年前的律师预测在他之后的一百年里合同法领域会产生哪些变革和发展,我怀疑他甚至是否能预见到一系列加冕案例*的判决，这些加冕案例的第一个判例几个月前还被提及。[1] 此外，在 Chandler v. Webster[2]案的判决中出现的一个错误使法院[3]和议会[4]花费近四十年的时间去修正，更不用说新世纪里法学领域内发生的其他重大变革和进步了。现代社会各个领域内的变化快得惊人，人们大可以在科幻小说中尽情地预测未来。

其次是案例的选择。我一想到前文中假想的那位一百年前的律师，就无法克制自己的嫉妒之情。如果他和我各自回顾自己所处时代之前一个世纪的合同法，你会发现他的题目比我的要容易得多。他肯定会谈到 Hadley v. Baxendale[5]**案，Taylor v.

---

 * 爱德华七世于1902年6月26日星期四在威斯敏斯特教堂加冕。那时本有一次从皇室在布莱克本宫的住地到威斯敏斯特教堂的加冕游行活动，接下来的第二天还会有一次贯穿整个伦敦的更长时间的游行。另外在星期六（6月28日）还有一次海军舰队的检阅活动。而游行沿途的房间、阳台和座位都被出租出去。连船只也被租用以搭载游人观看海军舰队的检阅。但是，在6月24日早上，爱德华国王得了阑尾炎，需要动手术。当天晚些时候宣布加冕典礼将延期，而海军检阅被取消。这种情况导致很多诉讼的发生，而其中最著名的是 Krell v. Henry 案。案件中承租人以75英镑的价格租用了游行沿途的一个房间，并且预先支付了25英镑，余下的将在6月24日支付。随着游行的延期，承租人拒绝支付余下的款项。房屋所有人起诉了承租人要求其支付余下的款项，而承租人提出了反诉，要求所有人返还其预先支付的款项。法官判决承租人胜诉，免除了他的履行义务。上诉法院驳回了所有人的上诉。——译者注

 〔1〕 最早被报道的加冕案例是达林法官在 Krell v. Henry 案中所作的判决，判决于1902年8月11日作出，即在被推迟的加冕仪式两天后。See The Times, 12 August 1902；(1902) 18 TLR 823. 判决结果被上诉法院肯定，参见［1903］2KB 270. 那时被告反诉要求返还先前支付款项的请求被撤销。

 〔2〕 ［1904］1 KB 493.

 〔3〕 Fibrosa Spolka Akcyjna v. Fairbairn, Lawson, Combe Barbour Ltd ［1943］AC32.

 〔4〕 Law Reform (Frustrated Contracts) Act 1943, s1(2).

 〔5〕 (1854) 9 Ex 341.

 ** Hadley v. Baxendale 案中磨坊主与运输商达成协议，由后者将一断裂的机轴运给一家维修商，送达迟延了几天，磨坊主要求运输商赔偿停工期间的利润损失。磨坊主本来应该将可能发生间接损害即利润损失的情况告诉运输商并与其就全额赔偿达成协议，但是他基于谋略的原因对对方隐瞒了这些情况。此时，(多数的)磨坊主既不愿意告知风险信息（唯恐被运输商要挟），又希望能获得全额赔偿。如果法官判决运输商赔偿所有的间接损害，无异于鼓励那些可能发生巨额损害的磨坊主故意不告知相关信息，这明显有碍于合同效率的提高。为了遏制这种谋略行为，法院判决运输商只须赔偿他可以预见到的那些损害，而没有遵从"多数人所期望"这一规则。——译者注

Caldwell[6]*案,甚至还会提到 Hochster v. de la Tour**案。当然,如果他没有提到 Hochster v. de la Tour[7]案而是谈及 Carlill v. Carbolic Smoke Ball[8]***案,或是我在讨论20世纪合同法里

---

[6] (1863) 3 B & S 826.

　* 在 Taylor 案中,出租人同意让起诉人以一定的租金租用音乐厅和花园4天,用来举行音乐会和庆祝典礼。但是在第一场音乐会开始之前6天,音乐厅被大火烧毁了。起诉人要求出租人赔偿为准备音乐会而支出的费用。在一审中起诉人胜诉,出租人败诉。但是在上诉过程中英国高等法院根据布莱克本法官的观点作出了有利于出租人的判决。布莱克本法官首先确定基地及其之上的房屋并没有移转给起诉人使用。然后他承认对于免除的严格限制原则,但是针对这个原则提出了几种例外。这些例外就变成了著名的泰勒原则:"原则上说合同的履行如果依赖于一个特定的人或物的继续存在的话,那么就表示因为该人或物的死亡或灭失而造成的履行不能将会免除债务的履行。"确定这项原则的理由是这更符合当事人本身的意图。布莱克本法官认为,既然音乐厅的存在对于双方当事人来说都是十分重要的,那么当它灭失的时候,双方当事人都应该从他们将来的债务中解脱出来。

　　在 Taylor 案之后法院在艾泊比诉梅耶斯案(Appleby v. Myers)中将泰勒原则做了扩展,当某物虽然不是合同的直接的标的物但对履行十分重要的时候,它的灭失也可以导致该原则的适用。——译者注

　** 该案中,被告同意从1852年6月1日起雇用原告为送信人,雇用期为3个月。同年5月11日,被告表示不再雇用原告。5月22日,原告诉之法院,要求损害赔偿。在5月22日和7月1日之间,原告找到了其他工作。法院判决原告胜诉,主要理由是,原告的起诉并不过早,如果不允许他立即起诉主张补救,而让他坐等实际违约的发生,那么他必将陷入无人雇他的境地。对于法院来说,在一方当事人明确表示他将不履行该合同的情况下,允许受害方缔结其他合同关系才显得合理。英国王座法院关于霍切斯特诉德拉图尔案(Hochster v. De La Tour)案的判决终于突破了传统的契约法理论,宣告了预期违约规则的确立。如果合同一方在履行期到来以前以明示声明的方式表示拒绝履行合同,受害方有权要求立即解除合同并请求损害赔偿。——译者注

[7] (1853) 2 E & B 67.

[8] [1893] 1 QB 256.

　*** 案件的经过大概是这样的:Carbolic 公司制成了一种秘方药——smoke ball——可以防治流感,并且在广告中声称如果有人在使用此药的这一年内得了流感的话,他们愿意付款100镑作为悬赏。鉴于他们的良好动机,他们还声称已经在银行里存入1000镑来支持这次悬赏,而在当时1000镑已经是一个非常大的数目了。但事实上 Carbolic 公司相信他们可以轻易地找个理由来拒付这笔款项。与此同时有一个叫 Carlill 的人声称在他使用 smoke ball 的过程中得了流感,并向 Carbolic 公司主张权利。而这时 Carbolic 公司却声称在其与 Carlill 之间没有强制性协议存在,虽然说他们公司发出要约,但是这个要约并没有被 Carlill 正式性地接受而形成合同。也可以说 Carlill 并没有提供一个 consideration 去支持它们发出的这个要约。最后法院判决支持 Carlill 的主张,而认为 Carbolic 公司的辩称不合理,根据就在于要约是否被接受要以允诺的条款为标志。因此在这个案件中 Carlill 没有必要正式通知 Carbolic 公司。至于 consideration,Carlills 已经在其使用 smoke ball 的过程中提供了。Carbolic 公司或许后悔自吹已经在银行存入了1000镑来支持他们曾发出的要约了,因为这样一来,就使他们设法将要约说成是基础性销售宣传广告变为不可能。——译者注

程碑的发展背景时提及的其他案例,我也不会觉得反常。如果他对立法技术感兴趣,他也许还会谈及有关汇票*、合伙**以及货物贸易等法律领域的法典编纂问题。

与他相比,案例的选择对我而言困难得多。我并不善于统计各类案件的数量,实际上也没有人需要这种统计数据来证明当前通过法院判决和其他公开报道方式所获得的(或者没有公开报道但可以通过其他途径获得的)案件数量远远超过一百年前的案件数量——这一事实可以在首席大法官最近出版的《诉讼程序指南》(Practice Direction)[9]关于权威判例的引用中得到明确的证明。对这一现象的分析可以成为另一课程讨论的主题,在此不展开论述。但这种现象大大提高了我选择案例的困难,特别是由于地域差异的存在,案例的选择变得愈发困难。比如,有观点认为,20世纪合同法领域最重要的里程碑包括美国法律协会编写的《合同法重述》、美国《统一商法典》(尤其是法典的第1条和第2条)以及将商法典中的创新融入到《第二次合同法重述》之中,但是这一观点受到法学界的强烈质疑。采用全球化的分析方法使我对讲述的主题难以驾驭,即使把范围限制在普通法的领域内。因此,我将把演说的重点放在英国合同法的范围内,虽然我有时也会参考其他地域的影响英国合同法发展的权威判例。

---

* 英国于1882年制定《票据法》。关于英国汇票制度首推英国最先创造的银行承兑汇票制度,19世纪的伦敦已成为各国贸易和国际金融中心,世界各地的借款人汇集于此。由于许多外国借款人不被当地的投资者所认可,由他们签发的汇票很难转让。当时伦敦的私人银行虽然有熟练的资信鉴别技术,但苦于没有足够的资金,无力直接向外国借款人贷款。这时他们发现利用自己娴熟的资信鉴别技术,对外国借款人的汇票进行承兑,将自己的信用借给外国借款人,对其债务进行担保,即可收取一定的费用,取得收入。在这种情况下,银行承兑汇票得以产生。——译者注

** 英国的普通法院早在17世纪就已接受了欧洲大陆发展起来的有关合伙企业权利义务的商法原则,但直到1756年曼斯菲尔德就任首席大法官之后,有关合伙企业的商法原则才真正形成系统的理论体系,成为英国普通法的一部分。——译者注

[9] Practice Direction of 9 April 2001, [2001] 1 WLR 1001.

对英国合同法发展的限制甚至产生了一个新的问题：次要法源*的发展速度几乎没有落后于判例法和立法的发展速度。目前，英国合同法领域的教科书、专著、期刊等文献资料的数目有很大的增长。然而，就 20 世纪绝大部分时间而言，次要法源对法院的判决并没有起到多大作用，直到 20 世纪最后 15 年——更准确地说是最后 10 年——情况才有所改观，大概是因为越来越多的法官和律师开始在大学研习法律——这股潮流也给我们这些老师或者写书的人强加了一些新的责任。学术研究对立法的贡献是不可忽略的，当然这得益于诸多法律改革组织的帮助，但绝大多数学术工作只能成为首要法源的附属品，而这些首要法源也是我重点关注的内容。也有观点试图证明次要法源的重要影响，但我绝不认为那种观点是公正的。

即使存在诸多限制，我在这三个讲座主题的选择上仍然有些武断（我们可以把它们比喻成法律领域的荒岛唱片**）。我希望我的选择不会让你们觉得特别古怪，如果时间允许，我将就以下三个主题展开论述：第一个主题是合同的重新协商（或变更），论述的重点是 High Trees[10] 案和 Williams v. Roffey Brothers[11] 案；第二个主题关于合同相对性原则的"论战"，讨论将围绕着 Midland Silicones[12] 案和 Beswick v. Beswick[13] 案展开；第三个主题主要讨论合同条款类型的区分，讨论重点将放在 Hong Kong Fir[14] 案上。毫无疑问，你们中的很多人对这些知识都十分熟悉，正如马克·安东尼（Mark Antony）所说的："我将告诉你们，你们

---

* 次要法源（secondary sources）主要是各种著作，包括教材、专著、专题论文、综述、词典、重述等。与首要法源（primary sources）相对应。——译者注

** "荒岛唱片"（Desert Island Discs）是英国电台的一个节目，制作者请来一些名流，围绕"到一个荒岛上去生活该带哪八张唱片"这个问题各抒己见。——译者注

[10] *Central London Property Trust Ltd v. High Trees House Ltd* [1947] KB 130.
[11] *Williams v. Roffey Bros & Nicholls (Contractors) Ltd* [1991] 1 QB 1.
[12] *Scruttons Ltd v. Midland Silicones Ltd* [1962] AC 446.
[13] *Beswick v. Beswick* [1968] AC 58.
[14] *Hong Kong Fir Shipping Co. v. Kawasaki Kisen Kaisha Ltd* [1962] 2 QB 26.

所知道的事情。"

在开始讨论这些问题前,我必须提到这一时期内一件曾被大肆宣传但最终却并未发生的事情:我们逃避了法典编纂。1965年法律委员会*发布的"法律改革计划"的第一个项目列出的第一项便是建议谨慎地用"法典编纂[15]的视角来考察合同法"。请注意这里的措辞:这并不是一个对合同法法典化的建议,而是建议用法典编纂的视角来考察合同法——当这一建议后来陷入困境时,两种说法的差异才受到一定的重视。其中很多困难是由于对法典编纂工程复杂性的过度低估而造成的。1965年一项支持法典编纂的建议述及其中的一个原因:"合同法的基本原则已经完备地建立起来,并且委员会认为法典编纂的时机已经成熟。"可以看到,这一表述的两个部分被人为地联系在一起。换句话说,即(基本原则)"已经完备地建立起来了",因此"法典编纂的时机已经成熟"。[16]然而在1965年,合同法基本原则绝对没有像法律委员会所断言的那样"已经完备地建立起来",并且我们有理由认为法律委员会在作出这一断言时并没有对这一领域内模糊的、不确定以及有争议的问题给予足够的重视。如果法律委员会当时提出的观点是可质疑的,那么接下来几年合同法领域的发展将对委员会这一观点的正确性提出更多的质疑。近年来,上议院在一系列案件判决中所采用的诸如"免责条款"[17]、"损害赔偿"[18]、"第三方受益人"[19]、"过失"[20]等概念导致合同法领域产生巨大的变革,下级法院也为合同法的发展作出了同样重要的贡献。20世纪余下的几十年见证了合同法的复杂化和精细化不

---

* 法律委员会(Law Commission)成立于1965年,是英国政府致力于法律改革的专门机构。——译者注

[15] First Programme of the Law Commission (1965) Part Ⅰ.
[16] Ibid.
[17] The *Suisse Atlantique* case [1967] 1 AC 361.
[18] Koufos v. C Czarnikow Ltd (*The Heron* Ⅱ) [1969] AC 350.
[19] Beswick v. Beswick [1968] AC p58 *post*.
[20] Gallie v. Lee [1971] AC 1004.

断加速的过程。合同法领域内的这些变化不仅反映了当时法律委员会在法典编纂问题上的自以为是和好为人师,而且也向我们提出了一个问题,即如果法典编纂得以进行,其结果是否将阻止合同法领域内这些巨大变革的出现,虽然这些变革在某种程度上使合同法更趋复杂。委员会支持法典编纂的另一个原因在于法典编纂有利于使合同法"更明确、更容易被适用",这是"极其重要"的,因为合同法是"市场交易关系和许多其他法律关系的基础"。[21] 这一推理的难点在于,一部法典的"明确性"将意味着一定程度的僵化。正如迈克尔·克尔爵士(Sir Michael Kerr)(在下文提及的事情发生后不久,他便被任命为法律委员会第三任主席)成为上诉法院法官时说的:"法典编纂造成的消极影响之一便是这种类型的法律术语将无法自由地发展。它们将被禁锢在如水泥一样僵硬的法典中。"[22] 因此,法典编纂将在一定程度上阻碍今后司法实践的发展,而这些发展——特别是涉及未能履行有关履约时间的规定上[23]——也服务于委员会所追求的目标,即法律的"明确性"[24],虽然这几乎不会被认为是司法进步的表现。我们只需参照普通法中有关贸易限制[25]及第三方损害赔偿方面的判决结果便可论证后一种观点。[26] 司法领域的这些变革和发展从整体上来说是有益的,并且"这些变革和发展在它们发生之前使人们相信合同法法典编纂的时机已经成熟",并且还让人们相信法典编纂是可以实现的目标。

在对合同法进行法典编纂的早期,委员会作出了两个决定使

---

[21] First Programme of the Law Commission (1965) Part I.
[22] *State Trading Corporation of India Ltd v. M Golodetz Ltd* [1989] 2 Lloyd's Rep 277, 289. 参见由上诉法院在 *The Good Luck* [1989] 2 Lloyd's Rep 550 中所引用的 Marine Insurance Act 1906, 此判决被上诉法院否决,参见 [1992] 1 AC 283 p 127 *post*.
[23] *Bunge Corporation v. Tradax Export SA* [1981] 1 WLR 711; *Union Eagle Ltd v. Golden Achievement Ltd* [1997] AC 514 p 120 *post*.
[24] First Programme of the Law Commission (1965) Part I.
[25] *Esso Petroleum Co Ltd v. Harper's Garage (Stourport) Ltd* [1968] AC 269.
[26] *Alfred McAlpine Construction Ltd v. Panatown Ltd* [2001] 1 AC 518.

编纂工程的难度大大增加。第一个决定是"除进行法典编纂外还要对合同法进行改革"[27];另一个则是起草一部"尽可能统一适用于英格兰和苏格兰的法典"[28]——以及制定"一部能找到合适路径使英国和欧洲大陆之间的联系更加便捷的法典"[29]。最后一点在法律委员会发布的第二年年度报告中再次出现,年度报告中提到"与欧洲大陆法律体系保持和谐的重要性。政府加入共同市场的申请已经提高了英国与欧洲大陆法律体系的关联"[30]。在法典编纂的后期,委员会追求合同法法典与欧洲大陆合同法律体制和谐的积极性远不如追求英格兰与苏格兰合同法律体制和谐的积极性,这可能是因为苏格兰法律至少是确定的,而与之相反,欧洲大陆内部法律体系纷繁复杂,制定一部统一的欧洲合同法似乎是遥不可及的梦想。* 然而,虽然委员会努力把法典编纂与改革联系起来并试图制定一部适用于整个英国的法典,并且付出了巨大的代价,但这些目标仍然引起了两个明显并十分重要的问题:第一个是确认英格兰和苏格兰法律体系内部的缺陷及分歧**;第二

---

[27] Law Commission, *First Annual Report* § 31 (1966).
[28] Law Commission, *First Annual Report* § 32 (1966).
[29] Id.
[30] Law Commission, *Second Annual Report* § 29 (1967).

* 译者认同丹麦法学家阿纳·M.洛佩兹·罗迪里格茨的观点,他在《迈向没有共同欧洲法律文化的欧洲民法典——法律、语言和文化的联系》中认为:"实现法律一体化的决定性条件是产生于共同的法律讨论的共同法律文化的存在。相关国家共享语言或近似的社会经济条件虽然也是影响因素,但相对程度较小。在这个意义上,整个欧盟并不具备任何可以实现法律统一的因素。虽然地理接近、宗教同质和共同的哲学背景存在,除了欧共体法律,欧洲缺少覆盖整个领域的基础法律权威和共同的法律思想。分歧不仅存在于普通法法系和民法法系之间,也表现为反映国家统一的国家法典的多样化。最后,很明显的是并没有通行于欧盟所有成员国的共同语言。"参见http://www.flrchina.com/html/research/others/2006/09/43.html,访问时间:2008年6月14日。——译者注

** 英国由英格兰、威尔士、苏格兰和北爱尔兰组成,是一个君主立宪的国家。由于历史、民族、文化渊源的不同,在英格兰、威尔士和北爱尔兰实行的是普通法,即法官参考各地风俗习惯作成判决内容所形成的法律规范。而在苏格兰则主要实行民法法系,即以抽象的条文规范具体案件的法律,以法典作为法律渊源的法律制度。——译者注

个则是在共同解决方式上达成一致。这造成了法律委员会于1968年发布的第三次年度报告中阐述的趋势:"自从法律委员会及其顾问认识到自身体系的缺陷及优点,并很快地了解另一法律体系的缺陷及优点后,我们希望能得到一个对双方而言都能产生促进作用的解决办法。"[31]很明显,这种趋势是由英格兰和苏格兰合同法领域基本原则的重大差异造成的。用公认的方法来解决我们遇到的病症也许更实际一些。

虽然存在诸多困难,但是一部被法律委员会第七次年度报告(1972年)称作"对一部统一合同法法典起奠基作用的草案初稿"还是完成了。[32]这在很大程度上要归功于哈维·麦奎格(Harvey Mc Gregor,现在是麦奎格博士并担任皇家法律顾问)所作的努力。对于报告中所称的"草案初稿",法律委员会指出下一个阶段的主要工作:"我们(法律委员会)正在和起草人员(法律顾问)紧张地工作,起草人员的主要任务是将委员会的建议精炼成便于立法的恰当形式。"[33]"草案初稿"还不具备议会通过法律时所要求的精确和详尽。人们更容易把草案理解成对立法政策的陈述而不是用规范的法律语言对立法政策的执行。将一种语言或媒介翻译(这个词可能用得不太恰当)成另一种语言或媒介是极其困难的一件事情。这项工程的一小部分已经完成,完成的部分主要涉及草案中关于合同构成的规定,但工程的复杂性使工作进展得相当缓慢并且耗费了大量时间。制定一部英格兰和苏格兰统一适用的合同法的热情也在逐渐消褪。法律委员会第七次年度报告中提到:"在后一阶段,要对制定一部全英适用的合同法的可行性进行充分的论证。"[34]不久,苏格兰法律委员会

---

[31] Law Commission, *Third Annual Report* §9 (1968).
[32] Law Commission, *Seventh Annual Report* §7 (1972). 此文在 McGregor, *Contract Code Drawn up on behalf of the English Law Commission* (Milan, 1993)中被转载。
[33] Law Commission, *Seventh Annual Report* §7 (1972).
[34] Id.

从这项工程中退出[35]，并且由于前文述及的将"草案初稿""翻译"成法典语言的困难性，法律委员会在1973年宣布已经暂时中止了"统一合同法"的立法工作。[36]这项工程的完成并非不可能，而是需要如此多的劳动而变得不划算："单是制定一部仅在英格兰适用的合同法就需要几年的时间[37]，并且从这部法典中得到的利益——即便做最好的打算——也不足以证明为统一法典所作的努力是值得的。"用现在的话来说，这种尝试和举动是不划算的；因此，委员会就转而进行（目前正在进行中）另一项工作：对合同法中的某些特定领域进行改革。

现在回头来看，那个决定似乎是正确的。合同法的法典编纂似乎面临着左右为难的状况，在拥有合同法法典或包含合同法内容的其他法典的普通法系国家和地区（比如印度和适用菲尔德法典*的美国各州），相关法典中模糊的语言对合同法的"明确性和可适用性"[38]没有任何帮助。而这两种特性是法律委员会在启动这一计划时就宣称所要达到的目标。根据法律委员会1972年发布的第七次年度报告[39]的设想，制定一部更精确、详尽的法典

---

〔35〕 Law Commission, *Eighth Annual Report* §3 (1973).

〔36〕 Law Commission, *Eighth Annual Report* §4 (1973).

〔37〕 Law Commission, *Eighth Annual Report* §3 (1973).

* 美国司法史上，真正意义上的第一次法典化运动发生于19世纪前叶。在美国司法土壤中滋养了近半个世纪的普通法，其判例法固有的缺陷导致了人们的失望，进而在法典中寻求法律创新之路。最初是路易斯安那州颁布了以法国法为基础制定的民法典（1808）和爱德华·利文斯通起草的刑法典以及刑事诉讼法典（1824）；1836年，马萨诸塞州任命了一个由大法官斯托里领导的法律委员会，但它反对制定一部整个包括马萨诸塞普通法的法典。该委员会最后只提交了一部刑法典草案，但最终也被否决。达德利·菲尔德（D. Dudley Field）是美国这场法典化运动的先驱者，由他领导的纽约州法典委员会起草了民事诉讼法典和刑法典，分别于1848和1882年获得通过。1881年该州又颁布了他们起草的刑事诉讼法典，但民法典却最终被搁置了。菲尔德在纽约州的法典编纂活动对其他州产生了巨大影响，约30个州采用了他的民事诉讼法典。在其起草的民事诉讼法典中，其把传统的"普通法之诉"与"衡平法之诉"进行区分，这一改革，大大简化了诉讼程序。该部法典代表了法律改革运动中的一个里程碑。——译者注

〔38〕 First Programme of the Law Commission (1965) Part I.

〔39〕 Law Commission, *Seventh Annual Report* §7 (1972).

也许有助于实现这些目标,然而这(很可能)只能以令人不可接受的法律的僵化性为代价。为了平衡两者的矛盾,我的结论是:暂时中止法典编纂活动是真正值得庆幸的事情。通过司法实践或者通过在特定领域进行必要的立法来促进合同法的发展,被证明是一种明智的选择。[40]

---

[40] 关于第三人利益方面的问题,参见后文。

变更合同的协议

1	导言	17
2	增加债务的协定	18
3	减少债务的协定	29
4	融合	47

1 导　　言

在这一标题下我们所讨论的法律问题具有悠久的历史,它们至少可以被追溯到罗马法时期。罗马法认为:单纯一个协定(裸约)并不能导致债的产生,但却能引起抗辩。[1]因此,罗马法中用来变更合同的协定被分为两种:减少债务的协定和增加债务的协定。[2]前者已经被赋予部分法律效力,而后者还没有。我在演讲中将不会冒险涉足罗马法领域,当然我也许会讨论为什么(据我所知)古罗马学者把单纯一个协定(裸约)隐喻成"盾",而没有将之喻为"矛"。[3]另外,我还会提到英国法律学者也同样被类似的问题所困扰,并且这些问题已经成为20世纪英国合同法领域取得重大发展的主题。在英国法中,"变更合同的协议"所引起的法律问题已经遵循"约因"和"禁止反言"等学说路径来分析。这些学说应用的领域和范围已经是并且仍然是存在争议的问题。在这些争论下隐藏的是将"约因"解释为受允诺人的"损失"或允诺人的"利益"的传统定义[4],以及"公共政策"、"胁迫"和"非正义"等概念的交叉作用和渗透。要想了解20世纪初的合同法,我

---

〔1〕 Dig 2. 14. 7. 4.
〔2〕 Dig 18. 1. 72. pr.
〔3〕 这个之前被称为受到"时代褒奖的短语"(*Syros Shipping Co SA v. Elaghill Trading Co (The Proodos C)* [1980] 2 Lloyd's Rep 390,391)现在已经沦为一个有"误导性的警言"(*Baird Textile Holdings Ltd v. Marks & Spencer plc* [2001] CLC 999,[2001] EWCA Civ 274,[52])。
〔4〕 See eg *Currie v. Misa* (1875) 1 LR 10 Ex 153,162.

们必须回顾19世纪的一些著名案例。在此主题的讨论中,一部分内容将回顾从 Stilk v. Myrick[5] 案到 Williams v. Roffey Bros[6] 案的发展历史;另一部分将回顾从 Foakes v. Beer[7] 案到 High Trees[8] 案的发展进程。这种分类与罗马法的分类——增加债务的协定和减少债务的协定——相契合,但是英国判例法却没有采纳罗马法的分类方式。

2 增加债务的协定

(a) 约因、公共政策和胁迫

Stilk v. Myrick 案是一个著名案例。此案中,一艘英国船只上的两名船员在波罗的海的一个港口弃船逃走,于是船长向余下的九名船员允诺:如果没有找到那两人的替补人选,原本发给两名逃走船员的薪水将由余下的九名船员分享。后来,法院驳回了九名船员要求船长履行这项允诺的请求。一份案例汇编认为[9],九名船员没有对船长作出的允诺提供任何约因,而另一份汇编则认为履行船长的允诺与公共政策相悖。[10] 如果我们进一步追问什么是潜在的公共政策,答案则是允诺的履行将会引起我们现在所称的"经济胁迫",这一概念在当时还未被法律承认。更早的 Harris v. Watson[11] 案似乎更具说服力。在 Harris v. Watson 案中,船只在航行时遇到危险,船长向船员允诺:只要船员尽全力营救船只,就可以获得5畿尼(英国旧金币)的额外回报。但是在 Stilk v. Myrick 案中,理由似乎就不那么充分了,因为船长作出给

---

[5]　(1809) 2 Camp 317; 6 Esp 129.
[6]　Williams v. Roffey Bros & Nicholls (Contractors) Ltd [1991] 1 QB 1.
[7]　(1884) 9 App Cas 605.
[8]　Central London Property Trust Ltd v. High Trees House Ltd [1947] KB 130.
[9]　2 Camp 317.
[10]　6 Esp 129.
[11]　(1791) Peake 102.

付额外报酬的允诺时,船只在港口是安全的,并且当时船只状况良好且有能力继续完成航程,这可以解释艾伦博格(Ellenborough)法官一直在寻找的不同于"公共政策"的理论依据——缺少"约因",船员对船长所允诺的额外收入没有提供任何约因。作为船员,他们必须遵守他们与船长签订的最初合同——尽力使船只安全地到达目的地。换句话说,船员没有遭受任何损失,因此他们没有提供任何约因。但是,法庭却没有讨论船长是否从船员对其允诺的履行中获得利益。这一论证上的空白为 20 世纪合同法的发展提供了空间。

早期案件中采纳的两种分析路径在 20 世纪的案例中再次出现,虽然"公共政策"的理由现在一般都被置于"经济胁迫"下进行讨论,但这一理由却细微而显著地改变了"经济胁迫"的形式。1989 年的 *Atlas Express v. Kafco*[12] 案就是一个例证。此案中,被告是伍尔沃斯公司的柳篮供应商,原告是承运商且与被告签订合同,约定将被告所生产的柳篮运送给伍尔沃斯公司。后来原告要求提高原合同中约定的运输价格,被告感到十分为难,因为对被告而言当时很难或几乎不可能再寻找另一家承运商在合同约定的时间内把货物运送到伍尔沃斯公司。法庭没有支持承运商要求获得额外运输费用的主张,理由有两点:第一,原告对被告支付额外报酬的允诺没有提供相应的约因,因为"原告根据最初的协议就负有将被告的货物按照规定的速度和日期送到接收人处的义务"[13]。这正是艾伦博格法官在 *Stilk v. Myrick* 案中论证的"约因"理论。第二个理由是被告的允诺受到了"经济胁迫",这个理由在上文提及的水手薪资案中并未出现。事实上,"经济胁迫"的概念直到 1976 年才在英国法中出现。[14] *Atlas Express*

---

[12] *Atlas Express Ltd v. Kafco (Importers and Distributors Ltd)* [1989] QB 833.
[13] Ibid., 841.
[14] *The Occidental Worldwide Investment Co v. Skibs A/S (The Siboen and The Sibotre)* [1976] 1 Lloyd's Rep 293, 335.

14 案的判决理由实际上可以被归纳为被告没有任何实际的选择:被告无法获得其他途径以及时地履行与伍尔沃斯公司的合同,并且被告是一家规模很小的公司,能否履行这笔合同对其经营状况将产生巨大的影响。这看起来和 19 世纪水手薪资案中古老的公共政策理由相关,然而,两个案件实际上存在着巨大的差异。公共政策可以,而且明显也是以"假定胁迫"为基础的:要是水手不能获得额外的收益,他们可能会拒绝履行合同。然而,现代经济胁迫理论只在"现实胁迫"中发生作用。另外,"经济胁迫"在适用范围上也比古老案例中的"缺少约因"理由的适用范围狭窄得多:只要能找到一种方法满足"约因"要求,由"经济胁迫"所导致的无效允诺将越来越少。"经济胁迫"适用范围的狭窄主要有两个原因:第一,并不是任何威胁违背合同的行为都意味着胁迫。依据 *Pao On v. Lau Yiu Long*[15]案的判决,并非每个威胁违反合同的行为都意味着胁迫。在这个案件中,因作出这种威胁而产生的损失风险很小,因此威胁并没有多大的胁迫效果,因而这种威胁并不意味着胁迫。第二,有一点更明确的是,如果根本没有人或事物被威胁,那么就更不存在胁迫。在水手薪资案中,没有任何证据显示有一方进行威胁或恐吓,甚至在 *Harris v. Watson* 案中(船长向船员作出允诺时船只处于危险状态),威胁也只是假想的,因为船员肯定经历过多次船只遇险的状况,如果船长不支付额外的船员认为适当的好处,他们真的会弃船而逃么? 在这些古老的有关重新协商的案件中,约因原则有时是作为并不完美的胁迫法律制度的替代品出现的,但是约因原则并不是一个好的替代品,有时这个替代工具并不那么好使,因为"约因"推理的本质在于,即使受允诺人没有被施加额外的压力,通过约因原则也可

15 以使一项允诺无效。这种缺陷在某种程度上被重新协商中约因

---

〔15〕 [1980] AC 614;cf *Huyton SA v. Peter Cremer CmbH* [1999] 1 Lloyd's Rep 620.

要求的范围限制所弥补,这些限制与生俱来地存在于其原始结构之中。如果受允诺人所履行的义务比他之前与允诺人订立的合同中规定的多[16],或者如果受允诺人被免于履行合同(比如由于继起事件)后与允诺人重新达成一项新的协议并允诺完成先前合同的约定义务,约因要求才能被满足。[17]然而,如果情势附加(或是先前情形的发现)不能导致合同的解除,那么这种规避约因的方法是行不通的,即使在这种事件(或发现)发生之后进行重新协商更具商业意识。美国 *Watkins v. Carrig*[18]案就是一个典型的案例,这起案件和我们的讨论紧密相关[19],因为英国判例法对此案有诸多参考。此案中一方以双方约定的价格为另一方挖掘地窖,工程开始之后挖掘方意外地发现地下需要开掘的部分有大约三分之二是坚硬的岩石,于是双方重新沟通协商:发包方支付挖掘方更高的工钱(原来价款的九倍)来完成此项工程。虽然美国法中"误解"的范围比英国法中对应的范围宽泛得多,但承包方以"误解"为由要求确认合同无效的请求被法庭驳回,然而承包方要求获得额外报酬的请求却获得了法庭的支持,理由是地窖的主人给予承包方其(地窖主人)按照原先约定的价格完成工程的权利。于是法院摆脱发包方的最初义务的限制后很容易就得出结论:对后续允诺有一个对应的约因。这种推理论证没有引起英国法院的注意。对于英国法院,它们面临的困难在于这个困难的第一个分支。因此,这一案件判决中蕴含的推理在英国没有获得认可。有权威学者断言,这种判决所产生的影响将不会被英国所接受。[20]如果承包方基于诚信相信最初的合同因为"误解"而无效或是由于其他"事由"而被解除,那么后续协议也许能满足

---

[16] eg *Hanson v. Royden* (1867) LR 3 CP 47; *North Ocean Shipping Co v. Hyundai Construction Co Ltd* (The Atlantic Baron) [1979] QB 705.
[17] eg *Liston v. SS Carpathian* (*Owners*) [1915] 2 KB 42.
[18] 21 A 2d 591(1941).
[19] *The Atlantic Baron* 714; *Williams v. Roffey Bros* 21.
[20] Id.

约因的要求,这正是对如下原则进行类似的延展:如果基于诚实信用并且有充分理由相信某一主张是有效的,即使这一主张在法律上存在争议,对这一有争议的主张的妥协也是有约束力的。[21] 如果没有建立这样的信念,那么这种推理方式将无法得到适用。这看起来似乎是不幸的:我并没有争论承包方在没有重新协商的条件下应该获得额外的报酬。但是,如果合同双方同意根据不可预见的事件或发现而改变合同条款,那为什么不能执行这种条款呢? 最明显的答案就是这种新的条款可能是由一方采取胁迫手段而获得的,并且我们可以在 Watkins v. Carrig 案中找到相关线索:承包方曾经威胁放弃这项工程。然而如果关于胁迫的理由成立,它也并没有给新汉普郡法院留下深刻的印象:"承认了原告因为履行不经济而威胁解除合同,然而,被告没有反抗就屈服于这种威胁。这种不反抗为原告的威胁行为开脱,并使一项新的协议成立。"[22] 在这种情况下可能并不存在胁迫,因为原告的意愿并没有受到压迫。[23] 但是,"胁迫"作为这种案件在英国受到敌视待遇的另一个原因仍存在争议。

(b) 三方关系及公共责任案件:允诺人的利益

我相信有些反对意见对"重新协商"问题有巨大的影响,即使这些案件与对先前合同的重新协商无关。但是这些案件却引发了这样的问题:受允诺人是否能通过履行或允诺履行他向第三方负有的义务而提供约因。在 19 世纪的案件中[24],对这些问题的理解存在冲突或困惑。这很有可能是因为当时很难认定在这种情境下受允诺人受到了何种损害。但是,20 世纪晚期的两起

---

[21] Callisher v. Bischoffsheim (1870) LR 5 QB 449.

[22] 21 A 2d 591,594.

[23] 关于这一理论目前在英国法中的地位,参见 Dimskal Shipping Co SA v. International Transport Workers' Federation (The Evia Luck)(No2) [1992] AC 152,166。

[24] eg Shadwell v. Shadwell (1860) 9 CB (NS) 159; Jones v. Waite (1839) 5 Bing NC 341, 351 (affirmed on another ground (1842) 9 Cl & F 107).

案件给出了问题的答案并且都支持受允诺人一方。Eurymedon[25]案认为向合同第三方履行合同义务将产生约因,因为这一行为使允诺人受益。[26]在 Pao On v. Lau Yiu Long[27]案中也存在履行这种义务的允诺。把这些案件与一般的双方当事人合同案件区分开来的主要一点可能是三方合同较之两方合同出现经济性胁迫的可能性更小。[28]然而这并不能使人完全信服,尤其是在(例如 Pao On 案)受允诺人在先前合同中对某一公司负有义务,而允诺人又是这个公司大股东的情况下。在那起案件中,允诺人受到经济胁迫的观点被否定了,但是这种否定并非建立在以下事实之上:受允诺人的原始义务建立在对公司而不是对股东的义务上,因为受允诺人威胁破坏合同的行为并没有对允诺人产生足够的经济胁迫效应。只要涉及约因要求,这种要求便会得到满足,因为允诺人从新的协议中获益,这将增加受允诺人履行对公司所负义务的可能性。

允诺人受益因素也出现在约因存在于履行所谓"公共责任"的案件中。所谓公共责任是指由法律而不是由合同施加的义务。很明显,在 Ward v. Byham[29]案和 Williams v. Williams[30]案两起案件中,丹宁(Denning)法官根据"约因"原则作出判决时,判决的基础是允诺人获得的利益。虽然当时他在这两起案件中表达这一看法时还无人迎合,但是,最近有迹象表明法院已经逐渐接受"允诺人的利益可以满足约因要求"这一观点[31],甚至在受允

---

〔25〕 *New Zealand Shipping Co Ltd v. AM Satterthwaite & Co Ltd* (*The Eurymedon*) [1975] AC 154.

〔26〕 Ibid., 168.

〔27〕 [1980] AC 614.

〔28〕 Restatement, Contract, 2d §73 Comment d.

〔29〕 [1956] 1 WLR 496.

〔30〕 [1957] 1 WLR 148.

〔31〕 eg *Pitt v. PHH Asset Management Ltd* [1994] 1 WLR 327, 332; *Simon Container Machinery v. Embra Machinery AB* [1998] 2 Lloyd's Rep 428, 435; *Edmonds v. Lawson* [2000] QB 501, 515.

诺人没有遭受明确可辨的损害的情况下也可以满足约因要求。

(c) Williams v. Roffey Bros

以上所有对允诺人利益的强调都是为了推翻年久的重新协商案件中的推理,在这些案件中,受允诺人没有遭受任何损失(因此也没有提供任何约因),而仅仅是完成了之前和允诺人订立的原合同,这点在 Williams v. Roffey Bros & Nicholls(Contractor) Ltd.[32]案中表现得最为明显。

这起案件导致两个相关的问题:到底发生了什么,以及案件的结果在多大程度上改变了我们之前所理解的法律。

(i) 事实和结果

被告是一家建筑公司,与一家住房协会签订合同,帮助住房协会翻修其管辖小区内 28 栋公寓中的 27 栋。为了完成合同,被告与威廉姆斯先生签订了一个转包合同,合同中约定由威廉姆斯先生完成翻修工程中的木匠工作,建筑公司将向他分期支付 20000 英镑作为酬劳。转包合同并没有明确分期付款的具体数目安排,也没有对付款时间作出约定。但是在审判中,法官发现了转包合同的一个默示条款:酬劳的支付必须和威廉姆斯完成的工作量相对应,并且两次支付之间需要有合理的时间间隔。威廉姆斯先生在公寓翻修的木匠工作中付出了大量劳动,已经完成了 9 栋公寓的木匠工作,装修公司支付给他 16200 英镑。在这一阶段,威廉姆斯先生陷入了经济困难(一部分原因是由于他未能尽职地管理自己的员工,另一部分原因是由于之前和被告签订协议时确定的工程款数目太少),因此被告同意再额外支付他 10300 英镑(由于共有 18 栋公寓的木匠工作没有完成,于是每完成一栋公寓的木匠工作就支付威廉姆斯先生 575 英镑,总计 575×18 =10350 英镑)。被告之所以和威廉姆斯先生又达成这样一项协

---

[32] [1991] 1 QB 1.

定部分是因为担心威廉姆斯先生无法按时完工(如果被告无法按时完成整个工程,根据协议将会受到住房协会的处罚),还有一部分原因在于被告的评估师认为之前被告与威廉姆斯先生协商达成的酬劳确实相当低廉。根据评估师的评估,这项工程的合理价格应是 23783 英镑(比原先确定的数目大概多出 19%),虽然那绝对不是一个允诺支付威廉姆斯先生总计 30300 英镑报酬的好理由(大概比原先协商的数目增加了 51.5%)。被允诺可以得到额外 10300 英镑的报酬之后,威廉姆斯先生继续工作,但只收到 1500 英镑。此时他已经完成了另外 8 栋公寓的木匠工程,之后,威廉姆斯先生停止了工作,法院认为威廉姆斯先生拒绝继续工作是因为被告拒绝继续向其支付报酬。随后被告雇用了其他的木匠完成工作,但最后仍然依据其与住房协会签订的合同承担了迟延履行一周的责任。法庭判决威廉姆斯先生有权获得被告允诺已经完成的 8 栋公寓每栋 575 英镑,共计 4600 英镑的额外报酬,但由于已完成的部分中存在一些质量瑕疵,所以法院对此进行了部分扣除,另外补上一些根据原始合同应该获得的报酬,大概有 5000 英镑,除去已经给付的 1500 英镑,威廉姆斯另外获得 3500 英镑的补偿。上诉法院支持了这一判决,但根据上诉法院出具报告中所提及的数字,无法推断出确定最终补偿数目的理由[33],并且上诉法院也没有讨论这一问题。

(ii) 和早期案例的关系

上诉法院的判决主要关注的问题是被告支付额外的 10300 英镑是否有对应的约因,答案是威廉姆斯先生通过履行最初合同的义务而提供了约因。当然,问题是如何把这个案例和 Stilk v. Myrick 案联系起来。[34] 所有的法官都申明他们没有推翻或背离 Stilk v. Myrick 案来寻求答案。因此,格莱德威尔(Glidewell)法

---

[33] 要弄清楚这种支付方式是不可能的,因为报告并没有提及未完成的数量。
[34] (1809) 2 Camp 317.

官认为威廉姆斯案的影响是对早期案例的"精炼"和"限制",而不是对早期案例的"否定"[35]。这些先前案例被帕恰斯(Purchas)法官形容成"合同法的中流砥柱"[36]——但是,他又认为威廉姆斯案继续动摇了先前案例的判决结果,因为那个案件如果在今天审判"可能会得出不同的判决结果"[37]。拉瑟尔(Russell)法官对 Stilk v. Myrick 案的批评更为公开。他认为,此案中他并没有将其判决建立在对早已阐明的法律正确性的怀疑的基础上。[38]对之前判例的谨慎(对之前的案例也有相冲突的报告结论)处理看起来有些奇怪。但是,我们当然不仅仅关注1809年案例的判决结果。贯穿19世纪至20世纪,在约因问题上,Stilk v. Myrick 案的判决原则多次被其他案件的审判法官所遵循,并且被认为是一项正确的法律规则。[39]然而,上诉法院又是怎样在威廉姆斯案中绕开 Stilk v. Myrick 案的呢?我们可以从判决中选取五点来探讨:

(1)法庭成员在威廉姆斯案中作出的判决依据主要是:威廉姆斯先生根据最初的协议仍然继续进行工作,而被告因为原告的工作获得了利益,即"约因"。毫无疑问,这种推理论证符合约因的传统定义,即约因为受允诺人的损失或(从另一个角度看)是允诺人的利益。但是如何把 Stilk v. Myrick 案和后来发生的案件区分开来呢?在 Stilk v. Myrick 案中,允诺人(船长)也得到了利益,他的船只顺利地到达目的地,但是没有人认为这符合约因的要求。

(2)第二点(这也是帕恰斯法官特别强调的)是威廉姆斯案件中不存在"胁迫"因素。威廉姆斯没有威胁撕毁合同,相反被

---

[35] [1991] 1 QB 1,16.
[36] Ibid., 1,20.
[37] Ibid., 1,21.
[38] Ibid., 1,19.
[39] 近期的案例参看 Syros Shipping Co SA v. Elaghill Trading Co (The Proodos C) [1980] 2 Lloyd's Rep 390; cf the Atlas Express case [1989] QB 833.

告的评估师认为最初双方达成的报酬太低。但是在 *Stilk v. Myrick* 案中也没有相应的证据显示船员作出了任何威胁弃船的表示。船长的允诺和威廉姆斯案中被告的允诺都是自发的——只不过船长更小气一些——仅仅是比原来协商的每月 5 英镑薪水的 20% 高一点（如果我们假设所有船员的薪水处于同一水平）。

（3）第三种可能是，*Stilk v. Myrick* 案的判决建立在公共政策的基础上，而这在 19 世纪早期影响了船员协议。虽然关于这个案件的某一报告支持了这一观点[40]，但另一报告却特别明确地否定了这一理由。[41] 而后一报告是上诉法院在对 *Williams* 案作出判决时所参考的唯一一份报告。

（4）第四种可能性指出了（用拉瑟尔法官的话说）*Stilk v. Myrick* 案中蕴含的法律原理，即纯粹的、单方的、无偿的好意允诺是不具有强制执行力的，除非契约被盖印。[42] 但是在 *Stilk v. Myrick* 案中并没有关于"无偿的好意允诺"的提法，我们也没有找到关于"纯粹的、单方的"等提法。"无偿的好意允诺"缺少约因，但是缺少约因的允诺不一定是无偿的。在 *Stilk v. Myrick* 案中，允诺并不是无偿的，因为船长凭此为自己获得了利益。

（5）第五种可能性是，在威廉姆斯案中存在一种不同种类的"约因"。新的协议用一种更合理科学的计算方法（即依据完成的工作量来决定工钱的支付数额）取代了之前不尽科学的支付方法。[43] 这种推理满足了约因原则的传统要求，因为新的方法能使双方均获益。但是只有拉瑟尔法官持有这种观点，并且此观点不是法庭作出判决时所依据的主要理由。

我在讨论这两个案例调和难度的过程中并没有对威廉姆斯

---

[40] 6 Esp 60.
[41] 2 Camp 317.
[42] [1991] 1 QB 1, 19.
[43] Id.

案的判决结果进行批评的意思。但是我认为,如果法庭更加公开地解释甚至强调他们正在使用一种不同于在之前古老案例中采用的方法来考虑约因原则的话会更好,这种方法依赖于允诺人的利益,并且认为即使在受允诺人没有遭受损失的情况下这种允诺人的受益也足以满足约因的要求。赫斯特(Hirst)法官在 *Anangel Atlas* 案中也采纳了这一观点。在 *Anangel Atlas* 案中,他认为由于威廉姆斯案的判决,法律正在进行一场根本性的变革。[44]他的推理抓住了威廉姆斯案的本质(如果我们允许出现两个明显的印刷错误):"哪里有对受允诺人【允诺人?】利益的授予,哪里就有约因。并且,并不能认为允诺人【受允诺人?】已经受到约束。从另一方面来看,存在一个完全单方受益的允诺, *Stilk* 案中的判决仍然是正确的。"[45]很明显,在这段话中,一项使允诺人受益的允诺没有被认为是完全单方受益的。

这些判例(增加债务的协定)的结果是:如果一项合同义务的履行能为允诺人带来利益,受允诺人向允诺人履行其所负的义务能构成一个新允诺的约因。同时,它减少了原来约因要求的保护功能;但是在这些案例中,这种功能通过与胁迫——包括经济胁迫——有关的法律得到更好的实现。所有这些在我看来都是合同法领域新的主要的发展。如果非要对威廉姆斯案作出批评的话,那就是它没有把合同法这一领域的发展的重要性带到读者的家里。在我看来,这种发展不仅是显著的,而且是有益的。理由有两点:一是它使法律从两方当事人案件过渡到三方当事人案件上时体系更加一致。更重要的一点是这种发展使我们摒弃了一些古老案例中的利用公共政策推理的方式,而以经济胁迫的概念代之。我认为,这是一种更经济的工具或控制方式,因为它仅在有真实胁迫压力的案件中存在,而公共政策的推理倾向于诉诸

---

[44] *Anangel Atlas Compania Naviera SA v. Ishikawajima-Harima Heavy Industries Co Ltd* (*No* 2) [1990] 2 Lloyd's Rep 526,544.
[45] Ibid., 545.

对假想压力的不确定争论。另外,这个问题还存在更进一步的争论,即这种新的方式是否合适,它是否能适用于其他一系列案件。我将在讨论减少债务的变更时论述这个问题。

3 减少债务的协定

(a) 约因和胁迫

在讨论这组案例时,我们的出发点必须回到1602年 Pinnel's[46]案所揭示的古老的普通法规则,即债务的部分履行不能满足全部履行的要求,另一个规则是接受用部分清偿来消灭全部债务的允诺因缺乏约因而不具有约束力。这条规则的第一个理由是债务人对允诺没有提供约因,因为债务人实际履行的义务比他应履行的义务要少。但是这里又与公共政策问题出现交汇。如果允诺具有约束力,债务人可能会给债权人带来非法的压力,并且我们将发现,从这个角度上看这种政策上的考虑和 D&C Builders v. Rees 案是相关的。[47]

(b) Foakes v. Beer:对债权人的保护

这里我们要讨论的是1884年的 Foakes v. Beer[48]案,这起案件确定了20世纪初合同法适用的原则。虽然这起案件中没有"非法压力"的因素,但仍然有其他因素证明判决结果是合理的。案件事实大致如下:朱莉娅·比尔(Julia Beer)女士于1875年根据法院判决享有向福克斯博士(Dr Foakes)索取2090英镑19先令的权利,并且依据法律规定每年可以获得4%的利息。16个月后,福克斯博士没有按照判决向比尔女士支付款项,并要求延长

---

[46] (1602) Co Rep 177a.
[47] [1966] 2 QB 617.
[48] (1884) 9 App Cas 605.

还款期限。于是福克斯博士的律师于 1876 年为双方起草了一份新的协议。[49]新协议详述了福克斯博士要求朱莉娅·比尔女士给予他更多的时间偿还欠款并且还写道:考虑到福克斯博士已经偿还了 500 英镑从而履行了部分债务,因而按照情形,他每年 1 月 1 日和 7 月 1 日向朱莉娅·比尔女士或者其代理人分期付款 150 英镑直至 2090 英镑 19 先令全部支付完成。而后,比尔同意她将不会对上述协议采取进一步的诉讼。截至 1882 年 6 月,福克斯博士一共支付 2090 英镑 19 先令。然而那时,朱莉娅·比尔要求福克斯博士另外偿还 360 英镑的利息(大约是现在的 2 万英镑)。[50]在初审中,福克斯博士成功地以 1876 年达成的新协议为依据而免于向比尔女士支付利息,但上诉法院和上议院却都认为新协议对比尔女士的诉讼请求并不能产生任何阻碍作用。在这起案件中需要讨论的有两个问题:(1) 1876 年的新协议究竟意味着什么?(2) 1876 年新协议的法律效力是什么?

就第一个方面而言,问题是新协议是否意味着如果福克斯博士通过分期付款给付了除去利息之外的本金,比尔女士就不再主张获得利息。报告没有提及在缔结 1876 年新协议时双方是否讨论过福克斯博士支付利息的义务问题,并且塞尔彭(Selborne)法官还怀疑比尔女士在缔结新协议时是否想到过要求福克斯博士支付利息的问题。[51]不管怎样,他认为这个协议的实质部分还是很清晰的——协议规定为"2090 英镑 19 先令"而不是"2090 英镑 19 先令附加利息"——并且这起案件有明确的规则可以适用,即一项协议中有关实施部分的明确条款不能被事实陈述部分所控制——这里是指福克斯博士要求延长支付时间的事实陈述部分。在合同的解释上,布莱克本(Blackburn)法官同意塞尔彭法

---

[49] Ibid., 625.
[50] *Beer v. Foakes* (1883) 11 QBD 221, 222.
[51] (1884) 9 App Cas 605, 610.

官的意见,但菲茨杰拉德(Fitzgerald)和沃特森(Watson)两位法官却不同意。然而,沃特森法官却认为他可能在这个问题上犯了错误。报告上没有第五位法官言论的任何记载。如果从合同解释的角度来说,大多数意见都倾向于支持福克斯博士,但是从协议的法律效力来看,大家就会转而支持比尔女士。她并不受其放弃利息允诺的约束:福克斯博士仅仅只清偿了债务的本金而没有为比尔女士放弃利息的允诺提供任何约因。而在比尔女士作出允诺之前,他就已经有义务支付包括利息在内的全部的款项。

Foakes v. Beer 案的判决结果看起来是公正的。实际上整起案件只不过是福克斯博士的律师为比尔女士设置了一个法律陷阱而已,而上议院又从法律上进行了补救。这一技术上的陷阱是指事实陈述部分并不能控制合同中明确规定的实施条款。这种用来帮助比尔女士的技术手段就是 *Pinnel's* 案中所蕴含的古老规则(后文将对此进行解释)。这起案件中福克斯博士所支付的部分是比尔女士预期得到的全部款项的一部分(本金),这部分不能构成比尔女士允诺放弃另一部分(利息)的约因。我将此称为技术型补救是因为实际上她从1876年新协议中获得了利益。布莱克本法官强调了案件的这一方面并且对 *Pinnel's* 案所蕴含的规则持批评意见。但是作为一名优秀的法官和法学家,他没有持反对意见:他必须意识到其他法官所支持的判决结果是公正的。相反,其他法官的推理论证显得不是那么完全令人信服。他们并不准备推翻 *Pinnel's* 案中蕴含的规则,因为这项规则已经被广泛接受并且成为英国法的一部分长达280年之久[52],有时它可以成为一个强有力的理由。如果一项历史悠久的规则被人们所信赖,那么在案件的审判中,判决结果不应推翻这个规则,因为推翻规则具有溯及力,从而破坏合法的期待,至少在特定的案件中是这样。但是,*Pinnel's* 案所确立的规则真的属于这种规则吗?

---

[52] (1884) 9 App Cas 605, 612.

人们真的信赖这一规则吗？如果信赖，法律是否应该鼓励人们去这么做？我对这条古老规则的正当性以至于其适用于 Foakes v. Beer 案表示怀疑，如果有证据表明比尔女士有意图将这条规则作为与福克斯博士谈判的武器，我将对她毫无怜悯之心。导致我对她产生同情心的原因是：虽然她可能不是被胁迫的，但是有迹象表明她是被（对方律师以法律上的）"诡计"欺骗从而作出了不利于自己的允诺，以致产生了她没有预见的效果。在这里，约因的要求是保护她免受损失的有效武器。

同样，约因要求也可以被用来保护债权人在重新协商的情形下免受胁迫的侵害。D&C Builders Ltd v. Rees[53]案是最好的例证。D&C Builders 是一家规模很小的建筑公司。1964 年春季，建筑公司为瑞斯（Rees）先生的商店施工，并在完工后于 5 月份向瑞斯先生递交账单，后来在 6 月份又递交了一次。瑞斯先生支付了部分金额，但另外还有约 480 英镑没有结清，建筑公司于 10 月份再次催款，仍未果。11 月 13 日，瑞斯太太插手此事，给建筑公司打电话说她丈夫可以偿还共 300 英镑。当时，建筑公司正处于"极度的经济困难"并答应可以先收下 300 英镑，然后给予瑞斯先生一年的时间清偿剩余款项。但瑞斯太太坚持认为她只应偿还 300 英镑而非 480 英镑。法院没有对瑞斯太太是否错误地代表了她先生的问题以及瑞斯太太的财务地位问题作出明确的论述。[54]瑞斯先生偿付了 300 英镑并且也从建筑公司那里取得了符合法律规定形式的收据，然而建筑公司最后向法院起诉了瑞斯先生，要求获得剩余的款项。这里有两点用以对抗建筑公司起诉的事由：(i) 建筑公司粗糙的工艺；(ii) 建筑公司接受用 300 英镑偿清 480 英镑债务的协议。第二个抗辩事由首先被作为抗辩依据，但被法庭否决。法庭的两位成员（丹克沃茨[Danckwerts

---

[53] [1966] 2 QB 617.
[54] 丹克沃茨法官在第 626 页认为这种不实陈述是存在的，但是威恩法官在第 627 页却说他没有发现这种不实陈述。

和温[Winn])否定了这一观点,因为根据 Foakes v. Beer 案,建筑公司允诺用部分支付来清偿全部债务时瑞斯先生没有提供相应的约因。法庭的第三位成员丹宁法官没有把他的判决建立在缺乏约因的基础上。相反,他认为案件中不存在达成一致的合意,因为这种偿付是以"胁迫"的方式取得的。[55]本案中,瑞斯太太威胁:如果建筑公司不接受用 300 英镑清偿总计 480 英镑债务的条件,她将拒绝支付任何款项。"她没有权利坚持建筑公司只接受 300 英镑作为清偿款项。"[56]当然,难点在于没有债务人有这种"坚持"的权利并且丹宁法官(正如将要显示的)非常急于支持这样的协议。是什么导致丹宁法官在 D&C Builders 案中得出相反的意见呢? 难道瑞斯先生和他的太太知道建筑商处于极度的经济困难之中? 抑或是瑞斯太太威胁如果建筑商不向他们出具完全清偿债务的收据就不偿付任何款项? 或者是她错误地代表了其丈夫的经济地位(如果她确实这么做了,她的行为可能意味着刑事犯罪)?[57]这些问题在报告中都没有明确的答案;但是无论如何,上诉法院在判决这起案件时所采纳的两种方法是在古老的水手薪资案的谈判协商中采用的两种方法,即"约因"和"公共政策"方法。

Foakes v. Beer 案和 D&C Builders 案都表明"约因"可以成为一种有效的保护手段。"约因"原理甚至也可以适用于并不存在对债务人(受允诺人)实施不当行为的情况,这种情形致使早在 Foakes v. Beer 案之前就出现对这一英国法中最具特色的规则的批评意见,[58]并且这一规则导致普通法中一系列例外情形的产生。比如,在债权人的主张仍处于未被裁决的状态或未清偿

---

[55] [1966] 2 QB 617,625.

[56] Id.

[57] 这种不诚实的欺骗保证了任何既有责任的免除,与 Theft Act 1978, s 2(1)(a)相反。

[58] Couldery v. Barrum (1881) 19 Ch D 394,399.

的状态或者新协议对债务人的履行行为进行变更的情形下,规则并不适用。[59] 用德夫林(Devlin)法官审判另一个案件时的话来说[60],只有最富热情的律师才能从以下事实得到一点点满足:约因的要求因"马、鹰或长袍的赠与"而得到满足[61],不管是否伴随其他部分支付行为,或是提前一天支付,不论经过协商之后债务的减少幅度有多大。即使一个微不足道的约因——比如过去的一颗胡椒粒——都是这样。所以,这种例外潜在地破坏了这条规则的保护力。用"约因"进行论证的困难在于其适用上的迟钝:当这种保护必须被给予(或反过来说给予)某人无法得到保护时,它将无法保护债权人的利益。我们回顾 D&C Builders 案就可以论证第一种可能性:被告因为一个简单的战术错误而败掉了诉讼。房屋修葺工程在春季就已完成,但在 5 月份才送出账单,且瑞斯夫妇对修葺工程的不满意见直到 11 月份才作出。账单数额共计 746 英镑 13 先令 1 便士。我们可以想象:双方事先一般不会订立如此奇怪标的额的合同,因此,其主张的数额只能通过后来对数目质询的失败得到清偿。如果一方在刚接到账单时就对账目数额进行质疑,那么其请求将不会得到清偿。如果瑞斯夫妇收到账单时就抱怨建筑公司的粗糙工艺,而不是一直等到 11 月份才提出意见的话,这起官司还有得打。因此,*Foakes v. Beer* 案中的规则将无法得到适用。建筑公司现在可能(基于上述事实)会争论他们是经济胁迫的受害人,但是这个概念没有被英国法所接受。直到大约十年前,*D&C Builders* 案由上诉法院受理时,经济胁迫的概念才被英国法院采用。

---

[59] See Treitel, The Law of Contract(10th edn, 1999) 115—119.
[60] *Pyrene Co Ltd v. Scindia Navigation Co Ltd* [1954] 2 QB 402,416.
[61] *Pinnel's case* (1602) Co Rep 117a.

(c) *High Trees* 案

(i) 事实和判决

第二种可能性——债权人的利益在本来不能被保护或不应被保护的情况下可能得到了保护——的产生是因为利用"约因"进行推理论证没有顾及到这一事实:减少债务的重新协商是一个十分合理的交易并且不会对债务人一方产生任何应受谴责的行为。

这种可能性使我们想到 *High Trees* 案。[62]在这起案件中,并不存在影响"减少债务的协定"效力的强制手段或欺诈手段。毫无疑问,*High Trees* 案是 20 世纪合同法里程碑中最突出的一个,因为从很多角度来看,该案都理应得到这一殊荣。据我所知,这起案件的初审判决没有任何准备:报告显示,法庭于 1946 年 7 月 18 日一天内就通过了此案的讨论并作出了判决;如果说有时间让法官来思考的话,那最多也就是午宴休息的一小段时间。《案例报道》(Law Reports)中所刊载的判决报告只有三页纸。当丹宁法官审判该案时,他成为王座法院的法官不到九个月,成为高等法院的法官不到两年半。[63]这起案件很快就变成司法和学术争论的主题。我还清楚地记得 1947 年第三学期的事情,那时我刚刚师从著名的莫里斯(Morris)教授学习合同法并且从他那里知道下级法院要遵守上议院的判决。几乎所有的法律机构很快就了解了这起案件的重要性。我说"几乎"是因为当然会有例外情况。《全英判例汇编大全》(All England Law Report)的编辑(在这里我要隐去他们的名字)并不认为这个案件值得报道,并且在之后的 10 年内这一案例都没有出现在汇编所刊载的一系列

---

[62] *Central London Property Trust Ltd v. High Trees House Ltd* [1947] KB 130, [1947] LJR 77, (1946) 175 LT 333, (1946) 62 TLR 557, [1956] 1 All ER 256n.

[63] 丹宁法官于 1944 年 3 月 9 日被任命为高等法院的法官,并于 1945 年 10 月 24 日被调到王座法院任职。

案例中。[64]但与此同时,这个案例在《案例报道》、《法律杂志报道》(Law Journal Review)、《法律时代报道》(Law Times Report)和《时代法律报道》(Times Law Report)中都有详细的记载,特别是《时代法律报道》在1946年9月20日率先报道了此案[65]。

事实上,High Trees 案中双方交易的真实意图并不十分明确。但是我们目前可以从报告中挖掘出以下信息。1937年一项租期为99年的房屋出租合同生效,标的是伦敦的一套新公寓,每年租金2500英镑。出租人和承租人是关联公司,出租人持有承租人全部的股份。1939年9月,第二次世界大战爆发,很多房屋无法出租出去,并且这种状况显然会持续一段时间,因为很多人为了躲避德国的空袭而离开了伦敦。1940年1月3日,出租人和承租人达成协议:将房租从每年2500英镑降到每年1250英镑,而且具有追溯力(从出租合同生效之日起计算),但当时并未说明新协议的期限。奇怪的是,此时战事处于"虚假战争"阶段,对伦敦的空袭肯定会拖到1940年夏天才开始;但是出于对空袭的恐惧,避难者都逃离了伦敦。到1945年初,客源大增,所有的房屋都被出租出去,即使德国对伦敦的轰炸一直持续到将近1945年5月,即欧洲战场的尾声。与此同时,出租人公司的经济开始不景气:1941年出租人公司的债券持有人指定了一名破产管理人,其继任者于1945年9月给承租人发出通知要求承租人缴纳拖欠的租金并且今后按1937年的租约缴纳全额房租。于是,一方向法院提起诉讼要求获得两个季度即1945年9月29日和12月25日到期的共计625英镑的房租。这起诉讼被认为是一起"友好"的诉讼,因为毫无疑问,这只是一场名义上的官司,当事人一方占有另一方的全部股份。但是我却怀疑这起诉讼

---

[64] *Central London Property Trust Ltd v. High Trees House Ltd* [1947] KB 130, [1947] LJR 77, (1946) 175 LT 333, (1946) 62 TLR 557, [1956] 1 All ER 256n.
[65] Id.

是否有我们想象得那么"友好"。案件的实质部分似乎发生在承租人与出租人的债权人之间,并且这些当事人之间的利益是相冲突的。

和 *Foakes v. Beer* 案一样,此案存在两个问题:第一个问题关于 1940 年协议的意义,另一个则关于 1940 年协议的法律效力。在第一个问题上,丹宁法官认为:双方当事人当时达成降低房租的允诺是因为双方都意识到降低租金只适用于当时的特定情况,即由于战争而导致部分公寓无法租出去。[66] 截至 1945 年,租赁合同还有九十多年的期限。因此,在余下的时间执行双方于 1940 年达成的新协议是难以置信的。所以,判决的结果是:出租人要求获得 1945 年第三季度和第四季度全额租金的请求获得了法院的支持。但是在第二个问题上,丹宁法官认为 1940 年协议的效力仅仅是为了制止出租人在那段期间内要求收取全额租金。他的依据是 *Hughes v. Metropolitan Railway*[67] 案判决中归纳的原则,即如果合同一方允诺另一方他将不执行其严格法律权利,对方认为这一允诺是有约束力的且根据允诺的内容行事,并且受允诺人的确已经根据允诺履行了义务,那么允诺人将被禁止(至少是暂时地被禁止)行使其严格法律权利。在 *High Trees* 案之前,这种"信赖"原则还未被应用于没有"约因"[68] 支持的允诺中以接受债务的部分履行来清偿全部债务。这起案件的离奇之处在于这一原则被应用到这样的允诺中,并且这种"逻辑后果"是,

---

[66] [1947] KB 130,135.

[67] (1877) 2 App Cas 439,448. 案件的基本情况是:原告托马斯·休斯将自己的不动产租给了位于伦敦 Euston 路的一个铁路公司。休斯要求被告在 6 个月内修理该不动产,否则收回租赁物。接下来原被告就租赁物的购买事宜进行磋商,但磋商最终失败。6 个月的期限届满后,休斯即刻要求收回租赁物,理由是租户未修理租赁物。铁路公司辩称,当磋商正在进行时,他们不能做什么。——译者注

[68] 这一原则在 *Buttery v. Pickard* (1946) 62 TLR 241 案中被应用。此案存在一个降低租金的允诺,但是约因的要求却得到了满足,这是通过承租人没有履行终止契约的合同权利而实现的。承租人在战争期间仍然自愿支付全额租金,这在最后成为减少租金的约因。

接受一笔较小数目的金额来了结更大数目债务的允诺,尽管这种允诺没有对应的约因。[69]我们把结果是否符合逻辑放在一边,Foakes v. Beer 案又是怎样一种情形呢?在《案例报道》中我们只能找到一句简短的话:"在 Foakes v. Beer 案中并没有考虑这一方面。"现在,关于这句话的第一个问题是,这句话在其他四份报告中没有相应的记载。[70]于是就产生了一个有趣的问题,即它究竟是即席判决的组成部分还是《案例报道》的编辑将其初稿提交给法院后的补充说明。第二点,可能是更重要的一点,很难想象对 Foakes v. Beer 案作出判决的上议院没有意识到 7 年前才判决的 Hughes v. Metropolitan Railway 案中蕴含的原则,特别是上议院两位参与过 Hughes 案判决的成员也参与了 Foakes v. Beer 案的上诉程序。对"那一方面在 Foakes v. Beer 案中没有被考虑"这一事实的解释可能是因为那一方面与 Foakes v. Beer 案并不相关,因为 Foakes v. Beer 案主要与法律权利已经永久消灭有关,而 Hughes[71] 原则却和权利的暂时中止有关。这一领域的研究已经很成熟了,于是不再赘述。[72]这里我想谈一下与 High Trees 案所蕴含的基本原理有关的争论及其一直存在的难点。

(ii) 与保护机制的冲突

首先需要指出的是 High Trees 案中的信赖原则可能与我在 Foakes v. Beer 案中所称的保护机制发生冲突,即债务人可能因为信赖债权人作出的以部分清偿代替全部清偿的允诺而作出了部分偿付,但是这种允诺可能是以不被人尊敬的方式获得的。这就是丹宁法官在 D&C Builders[73]案中所处的左右为难的状态。他在 Foakes v. Beer 案中得到了他想要的结果,但他并不想以这

---

[69] [1947] KB 130,135.
[70] Id.
[71] 塞尔彭法官和布莱克本法官。
[72] See Treitel, The Law of Contract (10th edn, 1999) 120—122.
[73] [1966] 2 QB 617.

种途径实现。事实上,他说 *Foakes v. Beer* 案已经被 *High Trees* 案超越,但是后一案件的推理论证仅仅适用于债权人背弃其允诺将会导致不公平的案件。这种要求将无法获得满足,因为债务人(或他的妻子)已经通过"施加给债权人不正当的压力"而获得了"允诺"。[74] 虽然他用"胁迫"[75] 来进行类比并不是特别精确[76],但是他指出了正确的方向[77]:类似 *D&C Builders* 案件的事实的问题是:允诺是否是通过经济胁迫的手段获得的。更宽泛的"不正当的压力"或"交易优势地位的滥用"将会被禁止(用斯卡曼[Scarman]法官在一篇文章中说的话),因为"这种情形是有害的,并将导致法律的不确定性"[78]。

(iii)"禁止反言"的类推

High Trees 案及其之后的大量类似案件都被归纳到"禁止反言"或"允诺禁止反言"的标题下进行讨论。但是,退一步说,我很怀疑丹宁法官自己在 *High Trees* 案中是否也把这一原则归类到这一标题下。他曾提到一个类似的难题:即 *Jorden v. Money*[79] 案把禁止反言的应用限制在一个既有事实的陈述范围内,因此排除了和未来有关的陈述。从这点可以清楚地看出,丹宁法官所认为的"禁止反言"是陈述禁止反言。接着他又参考了其他一些他认为适用了衡平原则的案例,即在某些情形下,合同的一方被禁止不一致地按照"意图受其约束,意图按其行事且事实上也按其行事"的允诺行事。[80] 他还认为,只有在那种情况下,这种允诺才

---

[74] Ibid., 625.
[75] *Rookes v. Barnard* [1964] AC 1129.
[76] 威胁一般存在于三方关系人的情况中(比如 A 引诱 B 通过威胁破坏 A 和 B 之间的契约来对 C 造成损害)。但是 *D&C Builders* 案只有两方当事人。
[77] 参见上文。
[78] *Pao On v. Lau Yiu Long* [1980] AC 614,634.
[79] (1854) 5 HLC 185. 此案并没有被 *Re Wickham* (1918) 34 TLR 158 案的一审判决引用,此案是法官在对 *High Trees* 案作出判决时所参考的权威判决之一,但是此案很难和 *Jorden v. Money* 案的判决相调和。
[80] [1947] KB 130,134.

能产生禁止反言,即允诺人不允许违背允诺行事。并且,他所依据的案件从严格意义上讲都不属于禁止反言的范围。[81]这些陈述背后所隐藏的是一种认识,即禁止反言和陈述禁止反言(estoppel by representation)完全不同,虽然这种认识可能并不完全清晰。

我将对此进行解释:如果一个仓库保管员在货物并不在仓库的情况下说货物在他的仓库里,那么对他的陈述产生的(或可能产生的)"禁止反言"将阻止他建立货物不在仓库的事实。因此,如果在 High Trees 案中,承租人在公寓并没有租满的情况下声明公寓已经租满,那么禁止反言规则将阻止他建立公寓实际上是空的这样一个事实。但是 High Trees 案中的问题并非如此;对案件的事实部分并没有任何争论,即使我们把对未来(或允诺)的陈述看成"事实",现在与错误陈述相关的法律通常把对未来(或允诺)的陈述当做"事实"。合同双方甚至对是否已经作出允诺这一问题也没有争论,对反映允诺内容的条款也没有任何分歧。允诺是否存在及允诺的内容并不是争论的内容,唯一的争论是允诺的法律效力,即允诺人是否应该受到允诺的约束,即使此允诺并没有对应的约因。认为允诺人应该受到允诺约束的观点在一般意义上说和陈述禁止反言有关联,即在很多完全不相同的案件中,法律认为某人采取前后不一致的立场是毫无用处的。

(iv) 诉因

我在上文试图得出的差异与 High Trees 案中的衡平原则能否产生诉因十分相关。只要禁止反言是陈述禁止反言,那么它就会被认为不能产生诉因。这可以从已经被撤销的 1885 年《提单法案》[82]第 3 条得到证明。为了避免问题过于学术性,我将继续讨论刚才仓库保管员的案例,但有所变化。假设有两个仓库保管

---

[81] Id.

[82] See *Carver on Bills of Lading* (1st edn, 2001) §2-014.

员：A 和 B。A 对一批货物的买主或质权人宣称这批货物贮存于 B 的仓库里,然而实际情况并非如此。虽然 A 可能会被禁止否认其陈述的真实性,但是那也不会使他作为货物受托人而对买主或质权人负责。并且在这种情况下,禁止反言不会导致诉因的产生。[83]但是在此案例中,仓库保管员 A 在特定条件下(比如他疏忽大意)要对他的错误陈述负责,但是这种责任建立在陈述是错误的基础上,而任何由禁止反言导致的法律责任则是建立在相反的假设上,即陈述是真实的。如果这样的陈述已经由 B 作出,就是这种情况:在那起案件中假想的买方或质权人因为能够依据禁止反言而成功获得有关财产寄托的诉因,但如果无法依赖那种禁止反言,他将无法获得诉因。[84]

以上这些推理都不能直接应用于"禁止反言与事实无关而与某一陈述或允诺的法律效力相关"的情况。这里,我们并不是要在陈述的内容是真实的或允诺具有合同效力的情况下寻求一个独立的诉因。我们仅仅在询问是否能对受允诺人提供的救济找到法律基础,至少在某种程度上受允诺人信赖了双方达成的允诺。如果我们假设,刚才所举的两个仓库保管员案件中,A 对货物的买主或质权人说:"你的货物在 B 的仓库里,我会为你把货物拿出来。"我们进一步假设受允诺人信任了 A 的允诺,且货物的确在 B 的仓库里,但是 A 没有履行为其取货的允诺。或者我们假设 *High Trees* 案中双方都试图用另一种方法来解决由于战争而引发的经济问题,即不是通过降低房租而是通过出租人允诺根据修改后的协议接管承租人的义务,如果出租人无法履行或拒绝履行允诺,那么丹宁法官将不会因为承租人对允诺的信任而给予其任何诉讼权利。他说:"法庭还不能走得如此之远以致给予

---

[83] Cf *Low v. Bouverie* [1891] 3 CL 82.
[84] *Amalgamated Investment & Property Co Ltd v. Texas Commerce International Bank Ltd* [1982] QB 84, 131—132.

这种因破坏允诺而遭受损失以诉因。"[85]他又重申和应用了 Combe v. Combe[86]案中的观点。他们只会提供承租人一种对抗出租人终止租约的权利。

在我上面提到的两个案例中,给予受允诺人诉因的难度在于,如果走出这一步,将会导致和法律规则的直接冲突。这些法律规则规定了一份有约束力合同的产生及法律效力所应遵循的要求。从某种程度上说,如果把衡平原则对案件的适用限制在"允诺旨在设立法律关系"的案件中,这种难度将减小。丹宁法官在分析 Jorden v. Money 案时认为:"允诺人并不打算受到法律的约束。"[87]毫无疑问,如果允诺的形式为"要求获得承诺的要约"(比如在 High Trees 案中出租人以书面形式通知承租人建议将房租减半并且在通知函中注明"请通知我们此计划是否可行"),那么在承租人已经寄出承诺函但是函件在邮寄途中遗失的情况下,此原则无法产生诉因。[88]从这里我们可以更进一步看出,如果允诺没有得到约因的支持,也将无法产生诉因。很明显,High Trees 案中的原则可能会与 Combe v. Combe[89]案中影响丹宁法官的这一"要求"产生冲突。Combe v. Combe 案中,丈夫在离婚诉讼期间向其妻子允诺每年支付其一笔费用,初审法院判决妻子胜诉,但后来在上诉过程中,法院认为妻子不能运用 High Trees 案中的原则作为要求履行允诺的基础,并认为这一原则不能构成独立的诉因。[90]对适用范围的限制在 High Trees 案中早已有征兆,丹宁法官在对 Combe v. Combe 案开始讨论时就提到:即使我十分偏爱 High Trees 案,但是有一点十分重要,即这个

---

[85] [1947] KB 130,134.
[86] [1951] 2 KB 215.
[87] [1947] KB 130,134.
[88] Household, etc, Insurance Co Ltd v. Grant (1879) 4 Ex D 216 中的原则可以适用。
[89] [1951] 2 KB 215.
[90] Ibid., 220.

原则的适用范围不应被过于放大,否则会有危险。[91]曼斯菲尔德(Mansfield)对此的回应[92]十分明确和慎重。毫无疑问,在这一阶段,丹宁急于避免 High Trees 案中的原则被舍弃,因为他认为此原则将和以下原则产生正面冲突:如果一个允诺没有得到约因的支持或没有在契据中被明确规定,那么此允诺不会像合同那样具有法律约束力。

在绝大多数援引此理论的现代案例中,合同中缺少的因素都是"约因"。可能由于这个原因,在最近的一些案件中有观点认为,"禁止反言"(如 Hughes 案或 High Trees 案中确立的原则)无法产生诉因的规则被限制在"对约因的保护"范围内并且在"禁止反言领域[93]内没有得到普遍应用"。但很难解释为什么在合同的诸多要素中非要把"约因"这个要素单独地挑出来进行特殊对待。并且关于这个问题的最新学说认为,在允诺还没有达到使一个有约束力的合同成立所要求的确定性的程度时,"允诺禁止反言"无法导致诉因的产生。[94]

无论你们对我在 Combe v. Combe 案中所指规则的确切范围有何意见,我在这里想强调的是此规则的理论基础和陈述禁止反言规则的理论基础不同。一个人被禁止否认他曾经说过的事实并不能产生使他承担任何义务的法律后果。如果 A 说货物由 B 所有,这一言论并不会使 A 成为货物的受托人,并且在那种情况下也不会产生诉因。如果 A 对 B 作出一个没有约因支持的允诺,那么根据同样的道理,不能认为 A 在某种程度上不受允诺的约束。如果 B 信赖 A 的允诺并且依据允诺的内容行事,那么 A 的允诺是否以及在多大程度上具有可执行性是一个法律政策问

---

[91] Ibid., 219.
[92] Weston v. Downes (1778) I Dougl 23,24.
[93] Azov Shipping Co v. Baltic Shipping Co [1999] 2 Lloyd's Rep 159,179; Thornton Springer v. NEM Insurance Co Ltd [2000] 2 All ER 489,519.
[94] Baird Textile Holdings Ltd v. Marks & Spencer plc [2001] EWCA Civ 274 [38].

题。其中的一个政策争论是这种允诺的履行可能会与合同结构方面的有关规则产生一定的冲突,但很明显,有很多途径可以满足这一点:比如可以使允诺的救济方式更加灵活自由,也可以是仅仅限制允诺人背弃允诺的权力,而不是完全剥夺这种权力,比如给予他在合理通知的前提下解除合同的权力。

(ⅴ) 几种"禁止反言"的不同

与"事实"相关的禁止反言和与"法律效力"相关的禁止反言之间的区别与对以下问题的持续争议有关,即上个世纪在合同法领域扮演了重要角色的不同种类的禁止反言是否已经形成了一个单一的基本原则或者是否存在一个有效的方法将这些不同种类的禁止反言区分开来。丹宁法官认为这些不同的禁止反言"现在看起来都融入了一个普遍的失去限制"的原则。[95]米勒特(Millett)法官发表了与之相反的意见:"那些试图论证所有种类的禁止反言都包括在一个单一的统括一切的陈述禁止反言的尝试以及将所有禁止反言统一由共同的原则来支配的尝试没有得到普遍的接受。"[96]如果要求我必须在这些观点中选择一个,我比较认同米勒特法官的观点。四种禁止反言在 20 世纪的合同法中都有很大的发展。我们可以称之为:陈述禁止反言、惯例禁止反言、允诺禁止反言和财产所有人禁止反言。最显著的分歧存在于两种类型的案件中,一种是:"禁止反言阻止合同一方否认事实"的案件,另一种则是那些"对事实不存在争论,但对一个已经证明或承认的允诺的法律效力存在争论"的案件。我已经把陈述禁止反言归为前面的一类,并且毫无疑问,惯例禁止反言[97]也属于这一类:它被用来解决是否作出允诺等问题。相似的,我把允诺禁止反言归为第二类,并且财产所有人禁止反言也属于这一类。财产所有人禁止反言案件中所涉及的是一次已经被承认或

---

[95] *Amalgamated Investment & Property* case [1982] 2 QB 73,122.
[96] *First National Bank plc v. Thomson* [1996] Ch 231,236.
[97] See eg the *Amalgamated Investment & Property* case.

被证据证明的允诺的法律效力问题,而与允诺人被阻止以禁止反言为理由否认的事实无关,因此这两种分类在法律本质上存在差异。我们考察第二种分类可以发现允诺禁止反言和财产所有人禁止反言在适用条件和法律效力上存在很多差异。[98]最显著的是,禁止反言无法产生诉因的原则不能适用于所谓的财产所有人禁止反言案件。因此如果佐丹(Jordan)女士对马尼(Money)先生表达慷慨的方式并非声明她将不会起诉马尼,而是向马尼允诺她将赠送马尼一间小屋作为他的结婚礼物。马尼先生于是相信了佐丹女士的允诺,和自己的爱人结婚并且还修葺了佐丹准备送给他的小屋的屋顶。这样佐丹女士就会受制于法庭的判决并会被要求执行她作出的允诺。[99]即使我们接受丹宁法官在 *High Trees* 案中对 *Jorden v. Money* 案的解释[100](即允诺人明确地表示她将不准备受法律的约束),也不会排除财产所有人禁止反言的适用。这一原则已经成功地应用到很多案件中,因为双方的协议是在"家庭"的环境中达成的。因此,这一原则对于合同意图的需求没有合同效力。[101]为什么英国判例法中财产所有人禁止反言能导致诉因的产生而允诺禁止反言却不行,这在英国判例法中还没有明确的答案。一种可能的解释是,允诺禁止反言仅仅以对允诺的依赖为基础而产生,而这被认为相对于财产所有人禁止反言赖以产生的基础("不公正地获利")而言(虽然现在有很多案例在缺少这一因素的情况下仍适用了这一原则),其基础不够强大。

我所举的例子以及其他判例显示,不同种类的禁止反言依据各自的"要求"和"法律后果"由不同的规则支配。毫无疑问,认

---

[98] See Treitel, The Law of Contract (10th edn, 1999) 133—135.
[99] Ibid., 130—133.
[100] [1947] KB 130,134.
[101] eg *Dillwyn v. Llewelyn* (1862) 4 DF & G517; cf *Crabb v. Arun DC* [1976] Ch 179,在此案中允诺并没有足够充分的确定性以致产生一项合同。

为这些禁止反言会融合成一个一般原则[102]的想法将会鼓励这些原则之间的相互交融和影响。但是这些观点也同样会鼓励它们互相传染甚至是相互杀戮。Combe v. Combe 案就是后一种过程的明证。"失去限制"这一说法[103]至少为那些重视法律可预见性的人敲响了警钟。这对我而言仍然是迫切的需要,即使在商法中"确定性"从某种程度上讲是非常重要的要求。在这些情况下,"确定性"的目的是为了使合同双方信赖法律并依其行事(比如在被归类为"条件"条款的情况中)。[104]那并不是这里的关键:依赖一项规则(即允诺是不可执行的,除非条款明确规定允诺在法律上不具有约束力)而背弃一项允诺是毫无价值的(虽然在这类案件中对土地买卖协议受制于合同存在争议)[105],回过头去,依赖一个不能使允诺产生法律效力的合同是没有任何益处的。目前,一个"失去限制的"基本原则的问题在于这样一个原则——或者至少是"失去限制"这几个字——使人们不可能了解基于对允诺的信赖而做出的行为的法律后果。你必须到法院去寻找答案。不同种类禁止反言之间的区别并不能解决预见性的问题,但是它确实将之减少到一个更容易控制的比例,并且发展出一个有规则的解决方法,即一个能够控制各种不同情况下四种禁止反言适用情形的体系。它们在最基本的原则的作用下联系起来,即在某些情况下,法律并不鼓励前后不一的态度或立场。戈夫(Goff)法官最近发表言论认为:"我倾向于认为,很多能导致产生禁止反言的情形不能融入到一个单一的原则之中,这些情形的共同之处在于'显失公平'。"[106]

---

[102] *Amalgamated Investment & Property* case [1982] 2 QB 73,122.
[103] Id.
[104] 参见后文。
[105] *Cohen & Nessdale* [1981] 3 All ER 112, 128, affirmed [1982] 2 All ER 97 (我们法律中一个社会的道德的污点);Law Commission Paper No 65.
[106] *Johnson v. Gore Wood & Co* [2001] 1 All ER 481,508.

4 融　合

对双方当事人通过重新协商变更合同的讨论将从增加债务的协定和减少债务的协定之间的区别入手。在19世纪，对双方当事人而言，因为对约因的要求，协议的法律效力不被认可：约因的要求被认为没有得到满足是因为在这些案件中，受允诺人的实际履行内容少于他向允诺人所承担的债务。这就被理解为对受允诺人没有造成损害，或者也可以看成允诺人没有得到任何利益。虽然那时被称之为公共政策而现在被称为经济胁迫的因素也一直存在。因此在 *Stilk v. Myrick* 案中水手败诉[107]，而在 *Foakes v. Beer* 案中债权人胜诉[108]。20世纪有两种十分显著的变化方式，在 *Williams v. Roffey Bros*[109] 案中，一个增加债务的协定被执行，因为约因要求由于允诺人的获利而得到了满足，即保证受允诺人的原始债务得到切实的履行。而在 *High Trees* 案中[110]，减少债务的协定被给予一定的效力，因为即使不存在约因，但因为允诺人提出允诺并已经获得了受允诺人的信任，因此允许允诺人背弃其允诺的内容是错误的。这里的信赖原则之后发展成允诺禁止反言原则。这些合同法领域的发展最后导致一个问题的产生，即我们是否能利用其中的一种案例去论证另一种案例，即用 *Stilk v. Myrick* 案来论证 *High Trees* 案中的推理或者用 *Foakes v. Beer* 案来论证 *Williams v. Roffey* 案中的推理。

(a) *High Trees* 案和增加债务的协定

第一个问题的答案已经讨论过了。*Stilk v. Myrick* 案中的水

---

[107]　(1809) 2 Camp 317.
[108]　(1884) 9 App Cas 605.
[109]　[1991] 1 QB 1.
[110]　[1947] KB 130.

手试图利用船长的允诺作为诉因，但只要 *Combe v. Combe*[111] 案继续存在，他们就无法在英国法律中实现其目的。在 *Proodos C*[112] 案中有对这种观点的支持论据。此案中，货物的收货人允诺给予承运人一些额外的酬劳，但法院根据允诺禁止反言原则（或"衡平法上的禁止反言原则"）认为承运人要求获取额外酬劳的主张是不可执行的。根据法院的判决，唯一的小困难在于 *Willams v. Roffey Bros* 案的判决参考了 *Amalgamated Investment & Property* 案[113]，这是关于另一禁止反言——惯例禁止反言——最经典的一起案件。然而 *Willams* 案的判决结果并非建立在禁止反言基础之上，而是建立在要求满足约因要求的基础上，并且 *Amalgamated Investment & Property* 案中所涉及的禁止反言在 *Willams* 案中没有相对应的事项，即对银行资金保证的允诺是否涉及银行某一子公司发放的贷款。换句话说，这关系到是否已经作出后一种允诺的问题。在 *Willams* 案中并没有相对应的事项。毫无疑问，一方已经作出给付额外报酬的允诺，并且对这一允诺的解释也没有任何疑问，因此我十分谦恭地质疑 *Amalgamated Investment & Property* 案和 *Willams* 案中涉及的事项是否相关，虽然我们不能责备提出这一问题的辩护律师。

（b）*Willams v. Roffey Bros* 案和减少债务的协定

第二个问题的答案——*Willams* 案中的推理论证能否被运用到 *Foakes v. Beer* 案这种减少债务的协定中——并不那么容易得到。而且这里需要明确：即使 *Foakes v. Beer* 案从某种程度上讲被 *High Trees* 案回避了，但从很多方面来看，对受允诺人而言，具有合同约束力的变更所产生的法律效力比允诺禁止反言所产

---

[111] [1951] 2 KB 215.

[112] *Syros Shipping Co SA v. Elaghill Trading Co (The Proodos C)* [1980] 2 Lloyd's Rep 390.

[113] [1991] 1 QB 1, 17 (Russell LJ) .

生的法律效力更有利。[114] *Willams* 案推理的实质在于受允诺人向允诺人负有的先前合同义务的履行事实上使允诺人受益并且足以满足约因的要求。受允诺人原合同义务的部分履行也是如此，并且这点也是致使布莱克本法官在 *Foakes v. Beer* 案中得出不同结论的原因所在。他说："所有的商人，无论是批发商还是商店店主，都日益认识到并有理由据此行动：要求对方迅速地部分履行一部分债务比一直坚持要求对方一次性履行全部债务对自己而言更为有利。甚至当债务人有偿付能力并且确认最后会支付所有的款项时，他们常常也会要求债务人先迅速地履行部分债务。如果债务人的信用出现问题，情况更是如此。"[115] 那么，现在我们是否能够断言：允诺人从受允诺人原始义务的部分履行中获益便能构成一项"减少债务的"协定的约因，尤其是在那种接受较小数目以清偿较大数目债务的案件中。判决上的答案可以分为两类：（1）可以；（2）只要利益包括除去已经接受的部分支付之外的其他内容。

这个主张的第一部分可以通过 *Anangel Atlas*[116] 案得到证明。此案中一位船只建造商降低价格的允诺被买方提供的约因所支持。买方提供约因的方法之一便是在事前确定的交付日期接受船只的交付，即使他们根据合同的约定必须这么做。这使船只建造商获益，因为买主是核心顾客并且他们拒绝接受交付时会影响建造商与其他客户或潜在客户的关系。注意这种推理论证和古老的"增加鹰、马或长袍也许会使减少债务的允诺具有约束力"[117] 的论证方式显然不同。债务人没有受到约束去做这些事情。接受船只的交付是买方本来应该履行的义务，但船只建造商

---

[114] See Treitel, *The Law of Contract* (10th edn, 1999) 109—110.
[115] (1884) 9 App Cas 605, 622.
[116] *Anangel Atlas Compania Naviera SA v. Ishikawajima-Harima Heavy Industries Co Ltd* (No 2) [1990] 2 Lloyd's Rep 526.
[117] *Pinnel's case* (1602) Co Rep 117a.

却因为"为了鼓励其他人"的倾向而获得利益。

我主张的第二部分可以从 Re Selectmove[118]案中获得支持。这起案件中,合同并没有确定原始义务,而实际的问题在于债权人是否受允诺的约束而应该接受迟到的(并非部分的)履行,其中债务人已经履行了两笔分期付款。上诉法院认为 Willams 案件中的推理论证不能适用于此案,因为 Foakes v. Beer 案通过这种途径而成立:部分支付的利益能满足约因要求的观点可能会使 Foakes v. Beer 案中确立的原则无法得到适用。[119]即使说(正如丹宁法官在 High Trees 案中说的,或者可能说过的)"在 Foakes v. Beer 案中没有考虑那一方面"也不能避开这一原则。[120]允诺人所获得的利益是 Foakes v. Beer 案中考虑的一个问题,并且此利益并不能构成法律上所认可的约因。[121]

我的主张中两部分之间的区别——债权人的利益包含部分支付的案件和包含履行其他先前债务的案件——看起来不会是非常有益的。但是避免这一区别的唯一办法可能是,对 Foakes v. Beer 案中规则进行再次斟酌以及它可能会被上议院颠覆。毫无疑问,这条规则在诸如 D&C Builders Ltd v. Rees 案件中具有保护功能,虽然在那种情况下,同样的功能可能在很多案件中被经济胁迫的概念完成。但经济胁迫的概念不会走得太远。这里我想重复一下,Foakes v. Beer 案[122]的判决结果没有任何错误,但是我并不清楚这个案子是如何与胁迫概念的扩大产生联系的,也不清楚能利用什么其他的法律工具来实现同样的结果。法学界已经开始出现要求予以纠正的声音[123],但这只能在以下情形中奏效:或者双方当事人都没有放弃利息的意图,或者福克斯博

---

[118]　[1995] 1 WLR 474.
[119]　Ibid., 481.
[120]　[1947] KB 130, 135.
[121]　[1995] 1 WLR 474, 481.
[122]　参见前文。
[123]　Smith & Thomas, *A casebook on Contract* (10th edn, 1996) 245.

士知道比尔女士没有这种意图,或者福克斯博士在履行合同的过程中有欺骗或其他不正当的行为。[124] 但是没有任何证据证明这些假设的情形,以至于这个问题不能通过这种途径解决。反对 *Foakes v. Beer* 案判决结果的意见还有很多,但是也有赞成的意见。这种平衡将来如何被打破(也许在 21 世纪)仍然是个值得思考的问题。

---

[124] See *Faraday v. Tamworth Union* (1917) 86 LJ Ch 436; *Garrard v. Frankel* (1862) 30 Beav 445, 451; *Commission for the New Towns v. Cooper* (Great Britain) [1995] Ch 259.

关于合同相对性原则的论战

1 出发点 | 55
2 信托例外 | 59
3 对这一原则的早期攻击 | 61
4 第三方主张免责条款的利益 | 61
5 通过免责条款约束合同第三方 | 77
6 *Beswick v. Beswick* | 88

1 出 发 点

毫无疑问，20世纪英国合同法最显著的进步之一是我在这部分要谈到的"合同相对性原则论战"的结果。这部分内容的讨论很大程度上建立在两起有代表性的上议院判决案例的基础上：*Midland Silicones*[1]案和 *Beswick v. Beswick*[2]案。另外，我将阐述这一阶段初期的法律发展状况。那时广泛认为 *Tweddle v. Atkinson*[3]案建立了一种基本规则：只有合同的当事人才能行使由合同产生的权利，即使合同当事人认为第三方有权行使合同权利，第三方也无权行使。*Tweddle v. Atkinson* 案的判决是否是确立这一规则的权威判决尚有争论[4]，然而在此案之前，相关权威判例中就已经提出过与之相反的观点。[5] 1885年鲍恩（Bowen）法官认为对普通法基本原则进行质疑只是一种"卖弄学问"的表现[6]，并且此观点在20世纪初期被普遍接受。在 *Tweddle v. Atkinson* 案发生前两年，美国纽约州的 *Lawrence v. Fox* 案就出现了与之相反的判决结果。[7] 但是在英国，此案似乎

---

[1] [1962] AC 446.
[2] [1968] AC 58.
[3] (1861) 1 B & S 393.
[4] 对于这种争议的司法意见，参见 *Darlington BC v. Wiltshier Northern Ltd* [1995] 1 WLR 68, 77, per Steyn LJ.
[5] See eg *Dutton v. Poole* (1678) 2 Lev 210, affirmed T Raym 302.
[6] *Gandy v. Gandy* (1885) 30 Ch D 56,69.
[7] 20 NY 268 (1859).

并没有引起太大的关注。非常奇怪的是,虽然在 Lawrence v. Fox 案的判决中引用了英国法否认第三方权利的判例[8],但无可否认的是,这些判决只被反对意见所引用。Tweddle v. Atkinson 案的判决并没有得到好评,因为 Tweddle v. Atkinson 案的判决没有提及 Lawrence v. Fox 案,而且也没有对外国的法制体系进行任何参考。我将在后文更深入地论述大西洋两岸法律文化的相互影响。对"第三方受益人"原则的否定似乎是英国法律发展史上的一个空白,尤其是在与国外法律体系相比较时;但是这条基本规则有很多的例外情形,并且一个有经验的律师在这个问题的处理上不会有太大的困难。

到目前为止,我只提到了英国法中的一条基本规则,即第三方不能从合同中获益。合同相对性原则也同时被用来支持"第三方不受合同约束"的观点。从某种程度讲,这是很明显的,并且无需重申。若在一份合同中,A 向 B 允诺:C 将付给 B 10 英镑,很显然这份合同并不能施加给 C 任何义务。但是,如果 A 向 B 的允诺在某些情况下没有限制 C 的行为自由,比如限制他处理允诺标的物的权利,那么答案就不是那么明显了。问题的这个方面要追溯到 De Mattos v. Gibson 案。[9] 20 世纪初期这一问题的答案还不明显,即使一百年后,这种不确定性仍然存在。[10]我将在下文对问题的另一方面进行更深入的讨论[11]:这涉及用来对抗不属于合同当事人但又与合同主体有关系的第三方的免责条款的可执行性。

20 世纪早期,合同相对性原则的两个方面在一系列"最低价

---

[8] eg Price v. Easton (1833) B & Ad 433.

[9] (1858) 4 De G & J 276.

[10] See Lord Strathcona SS Co v. Dominion Coal Co [1926] AC 108; Port Line Ltd v. Ben Line Steamers Ltd [1958] QB 146; Law Debenture Trust Corp v. Ural Caspian Oil Corp [1993] 1 WLR 138, reversed on another ground [1995] Ch 152.

[11] 参见下文。

格维持协议"案件中得到应用。最低价格维持协议是指零售商出售货物的价格不能低于生产商所指定的特定价格。生产商通常先把货物卖给批发商,再由批发商出售给零售商,因此合同的相对性在这里导致了一个难题:生产商和批发商之间订立合同的最低价格条款不能约束零售商,因为零售商不是合同的当事人。并且生产商也不能执行批发商和零售商双方合同的此类条款,因为生产商也不是批发商和零售商之间合同的当事人。最低价格维持协议的立法史与我在这里要讨论的主题相差太远,此问题在1998年《竞争法》中有充分的讨论。的确,有观点认为在这些案件中存在公共政策的暗流,这一观点由丹宁法官后来在攻击"合同相对性原则"时提出,他认为:第三方如果有足够的利益执行允诺时,第三方应有权执行为其利益而订立的允诺,并且他还认为这种利益"并不包含对公共不利的价格维持"[12]。然而,这种论证思路在权威案例中并没有出现,并且价格维持协议并非(甚至对他们的直接当事人而言)因为违背普通法的公共政策而无效,虽然需要花几年的时间来建立这种观念。[13]

关于价格维持协议的最好案例是 Dunlop v. Selfridge 案。[14]此案中,生产商起诉要求执行批发商和零售商之间的合同。上议院驳回了这一请求(甚至在没有召集零售商进行询问的基础上就作出了判决)。日后的讨论中有人对这个案件的判决结果表达了一些反对的观点,这也反映了将来争论中的立场。从一方面看,霍尔丹(Haldane)法官有一个著名的论断,即"在英格兰的法律中,有些原则是基础性的,其中之一便是只有合同的一方当事人才能根据合同向法院提起诉讼。我们的法律

---

[12] Smith and Snipes Hall Farm v. River Douglas Catchment Board [1949] 2 KB 500,519.

[13] Palmolive Co (of England) v. Freedman [1928] Ch 264. 和后文达尼丁法官在 [1915] AC 847, 855 中引用"not in itself unfair"进行对比。

[14] Dunlop Pneumatic Tyre Co Ltd v. Selfridge & Co Ltd [1915] AC 847.

对合同第三方的权利一无所知"[15]。另一方面则是来自于达尼丁(Dunedin)法官的批评,他并不是对合同相对性原则提出批评,而是对约因原则(在上议院作出判决的过程中,约因原则比合同相对性原则所起的作用更重要)提出批评——因为约因原则可能会使某人并不重视一个审慎缔结的合同,而这个合同本身却是公平的并希望执行合同的人有执行合同的合法利益。[16]以上两种言论都不具备充分的说服力。从一方面看,霍尔丹法官没有对"基本"原则进行解释,从另一方面来看,达尼丁法官似乎夸大了事实。约因原则和合同相对性原则都有可能使零售商轻视一个审慎缔结的合同。契约是零售商和批发商之间达成的,因此,批发商有权执行契约。不过,批发商可能在获得损害赔偿金上存在困难,因为和第三方损失相关的损害赔偿制度当时处于不发达的状态,并且直到现在,在不考虑复杂的竞争法的情况下,以类似事实为基础的请求能否得到救济也值得怀疑。[17]然而,零售商对批发商的允诺是消极的。因此,如果不存在批发商遭受经济损失的证据[18],那么这个允诺在原则上便是可行的。如果用现在的比喻来说,达尼丁法官并没有面对一个法律上的黑洞。[19]真正的权利主张是10英镑的约定违约金及禁制令。

---

[15] Ibid., 853. 关于 Macnaghten 法官发表的相似论断,参见 *Keighley Maxsted & Co v. Durant* [1901] AC 240,245。

[16] [1915] AC 847,855。

[17] *Dunlop v. Selfridge* 案中的情况和 *Linden Gardens Trust v. Lenesta Sludge Disposals Ltd* [1994] 1 AC 85 及 Darlington 案的情况有很大的不同。

[18] *Kemp v. Sober* (1851) 1 Sim (NS) 517; *Marco Productions Ltd v. Pagola* [1945] KB 111。

[19] See the *Darlington* case [1995] 1 WLR 68, 79;关于这种隐喻的起源, see *Alfred McAlpine Construction Ltd v. Panatown Ltd* [2001] 1 AC 518,529。

2 信托例外

在上文的基础上,霍尔丹法官认为:"这样的一种权利(比如第三人的权利)将会以一种财产的方式赋予,比如信托。"[20]回顾18世纪的衡平规则[21],受允诺人作为第三人的受托人获得允诺。然后第三方可以执行允诺以对抗允诺人,从而和受允诺人联合起来成为合同的共同一方来参与诉讼(如果允诺人放弃这个要求)。这种方案在19世纪的许多案例中都得到了应用[22],并且上议院在1925年 Walford 案中又承认和应用了这一方案。[23]在这个案件中,法庭允许一位船舶代理人执行租船合同中的佣金支付条款,即使他不是合同的当事人,不过这起案件的另一种解释(有许多支持此解释的观点)却认为船舶代理人也是合同的一方当事人,因为他至少通过对租船人的代理从而与佣金的支付产生联系。

第二年(1926年)古德哈特(Goodhart,他很快成为牛津大学法学院法理学教授)成为《法学季刊》(*Law Quarterly Review*)的编辑,并且四年后(1930年)在该刊上刊发了由美国著名合同法律师柯宾(Corbin)撰写的一篇论文。[24]这篇论文讲的是英国法中有关允诺信托的案例。我不清楚是什么原因促使柯宾写了这篇论文并且在英国的刊物上发表,但很有可能是因为古德哈特和柯宾曾同在美国耶鲁大学法学院的关系:古德哈特曾于1928—1929年在耶鲁大学做访问学者。柯宾在文章中论述的要旨在于"允诺的信托"这一推理论证思路意味着衡平法中对第三

---

[20] [1915] AC 847, 853.
[21] *Tomlinson v. Gill* (1756) Amb 330.
[22] eg *Lloyd's v. Harper* (1880) 16 Ch D 290.
[23] *Les Affréteurs Réunis SA v. Leopold Walford (London) Ltd* [1919] AC 801; Lord Atkinson heard this appeal as well as that in *Dunlop v. Selfridge*.
[24] (1930) 46 LQR 12.

方受益人原则的认可,于是这里就存在普通法和衡平法之间的冲突。衡平法的原则十分盛行,因为 1873 年《法院组织法》的第 25 (11) 条[25]的规定认为在这种冲突的情况下应优先考虑衡平法规则。1943 年,乌斯沃特(Uthwatt)法官在判决 Re Schebsman 案时,一个绝不逊色于丹宁法官的律师引用了柯宾的论文,但是其论文中的推理论证过程却被法庭否定了。[26]乌斯沃特的判决被上诉法院所支持。[27]虽然上诉法院再次提及柯宾的论文,然而判决中却没有更深入地引用和参考这篇论文。英国法院认为,建立在允诺信托基础上的案件是对合同相对性原则限制范围上的例外,而不是作为一条冲突规则存在的。此处对这一小段历史做一个饶有兴味的注解。柯宾论文的主体部分被收录在《柯宾论合同》中的第 46 章,出版时间是 1951 年,后再版。根据乌斯沃特法官的说法,他并没有被 Re Schebsman 案所干扰[28],并且没有提及他对上诉判决的支持。因此,美国学者[29]仍然继续引用柯宾的论文,因为他们认为这篇论文甚至在现在也代表了我所称之为(我希望能更精确地称之为)对普通法合同相对性原则的允诺信托例外。[30] 在上诉法院作出 Re Schebsman 案的上诉判决之后[31],丹宁法官就晋升到高等法院[32]任职。在日后对合同相对性原则的批判中他有时也会运用到美国第三方受益人原则[33],但是他不再是依靠柯宾来支持他个人关于这个问题的观点。

---

[25] Now Supreme Court Act 1981, s 49(1).
[26] [1943] Ch 366, 368.
[27] [1944] Ch 83, 104.
[28] *Corbin on Contracts* (1951), 854 n 64.
[29] Langbein, 105 Yale LJ 625, 646—647 (1997).
[30] 阿特金森(Atkinson)法官没有发现普通法和衡平法在这个问题上存在冲突。于是适用了 Judicature Act 1873 s 25(11)。
[31] Given on 6 December 1943.
[32] On 9 March 1944.
[33] 参考他在 *Drive Yourself Hire Co (London) Ltd v. Strutt* [1954] 1 QB 250, 274 中的观点:美国法院遵循原始的普通法,这和一个文明社会的需求更加契合。参考在 *Tweddle v. Atkinson* 案之前的支持第三方的案件。

3 对这一原则的早期攻击

这些抨击主要集中在 1949 年[34]和 1954 年[35]上诉法院对两起案件所作出的判决中,其中丹宁法官(他在那时已经成为上诉法院法官)[36]质疑了合同相对性原则的存在,并且他还支持德夫林法官(他那时还是上诉法院的法官)的观点。不过奇怪的并不是第三方是否有权在其不是当事人的合同中获得利益[37],而是第三方是否应该受到这种合同条款的约束。被讨论的是责任限制条款,因此我们被引向另一个问题,即免责条款和限制条款在何种程度上能使第三方获益或影响到第三方。

4 第三方主张免责条款的利益

(a) 替代豁免和附条件的寄托

我们从充满争议的 *Elder Dempster* 案[38]开始讨论第一个问题。此案中租船人和货物所有人签订了一份海上货物运输合同,这份合同免除了租船人和船东不当装载货物的责任,而最后的结果是船东从免责条款中获益,即使他不是海上货物运输合同的当事人。据我所知,对这个结果并无太多争论。关于此案的争论主要集中在更抽象的问题上:此案的判决与合同相对性原则如何衔接起来。上诉法院的斯克鲁顿(Scrutton)法官[39]已经通过创造

---

[34] *Smith and Snipes Hall Farm v. River Douglas Catchment Board* [1949] 2 KB 500.
[35] *Drive Yourself Hire Co. (London) Ltd v. Strutt* [1954] 1 QB 250.
[36] On 14 October 1948.
[37] *Pyrene Co Ltd v. Scindia Navigation Co Ltd* [1954] 2 QB 402.
[38] *Elder Dempster & Co v. Paterson Zochonis & Co* [1924] AC 522.
[39] [1923] 1 KB 420, 441—442,斯克鲁顿法官对此持反对意见(货物所受到的损失是否由不当的装载引起),上议院支持了他的观点。

一种新的例外解决这个问题,即后来被称之为替代豁免的原则。此原则的内容为:合同一方的雇员或代理人在合同的履行上有权获得与其雇主及委托人相同的免责和限制。这一理论得到了上议院的极大支持[40],但是这一判决也可以这样解释,即货物所有人和船东之间存在一个合同,这个合同是通过租船人代理其中的一方而缔结的[41],或者用桑纳(Sumner)法官的话来说,在货物所有人和船东之间存在一个附条件的寄托,寄托关系包含了明确的可预期的提单中规定的责任免除和限制情形[42],这是现在大家比较倾向的解释。[43]当货物所有人把货物提交给船东装船时这一寄托行为产生,而在这个阶段,船东对货物负责并且履行运输行为,即使他并不是租船人和货物所有人之间订立合同的当事人。"寄托"在这里导致两个问题:第一,寄托关系的法律本质;第二,提单条款纳入寄托关系的机制和过程。

关于第一个问题——德夫林和迪普洛克(Diplock)法官以及莫里斯(Morris)法官持有的著名观点———旦船长(船东的雇员)接受货物并且在提单上签字,那么船东和货物所有人之间就成立了一个默示合同[44],因此,这些主体都进入一个与他方发生关系的直接合同关系。第二种著名的观点是戈夫法官认为的寄托并不是合同上的关系[45],因此在并不存在合同相对性原则的情况下也可以产生法律后果。以上两种关于寄托关系本质的观

---

〔40〕 [1924] AC 522,534 (Cave 法官和 Carson 法官同意) 548 (Finlay 法官对此持异议)。

〔41〕 [1924] AC 522,534.

〔42〕 [1924] AC 522,564.

〔43〕 Scruttons Ltd v. Midland Silicones Ltd [1962] AC 446,470; KH Enterprise v. Pioneer Container (The Pioneer Container) [1994] 2 AC 324,335; The Mahkutai [1996] AC 650,667—668.

〔44〕 Pyrene Co Ltd v. Scindia Navigation Co Ltd [1954] 2 QB 402,406; Scruttons Ltd v. Midland Silicones Ltd [1959] 2 QB 171,187; Adler v. Dickson [1955] 1 QB 158,199.

〔45〕 The Pioneer Container [1994] AC 324,335; The Mahkutai [1996] AC 650,662.

点都没有完全解决提单条款如何融入合同关系的问题，尤其是在 *Elder Dempster* 案中，船长作为租船人的代理人而不是船东的代理人签署提单[46]，可能这种融入的过程与通过习惯或惯例融入合同的过程相类似，看起来似乎是桑纳(Sumner)法官提出的"明确的可预期的提单形式"发挥了作用。[47]

尽管如此，通过"附条件的寄托"进行推理在适用范围上很明显要比适用"替代豁免"小得多。"替代豁免"并不要求"寄托"的存在，也不需要对雇主和客户之间的合同条款如何被纳入客户和雇员之间的合同关系进行法律解释。"替代豁免"仅仅是断言，雇员被一份其不是合同当事人的合同所保护，并且对此结论给出了一个政策理由，但是并没有解释实现这一结果的法律过程和机制。斯克鲁顿法官在 *Elder Dempster* 案中给出了政策理由："在租船案件中，本来有一种简单的方法来绕过提单，货物所有人可以起诉船东并且漠视提单上规定的例外。"[48]这对于三方主体中每一方与至少另一方(或两方)在衡平和不含歧义条款的基础上进行协议时是十分具有说服力的。但是，这在个人损害赔偿案件中却并不那么具有说服力，尤其是当受害方是消费者的时候。

我们将要讨论的另一组20世纪的案件就属于这一类。这些案件来源于旅客运输合同，这些客运合同出现于免责条款受制于立法控制之前，现在立法限制了这些免责条款的有效性并对它们的使用施以处罚[49]，其中最著名的就是 *Adler v. Dickson* 案。[50]在这个案件中，阿德勒(Adler)女士是喜玛拉雅号船的一名乘客。在航行途中，由于船员的疏忽使舷梯掉落，她摔落到码头上受伤。

---

[46] See *Scruttons Ltd v. Midland Silicones Ltd* [1962] AC 446, 455.

[47] [1924] AC 522, 564.

[48] [1923] 1 KB 420, 441—442.

[49] See especially Unfair Contract Terms Act 1977; Unfair Terms in Consumer Contracts Regulations 1999; Consumer Transactions (Restriction on Statements) Order 1976 (as amended).

[50] [1955] 1 QB 158.

虽然她是一个寡妇,但可能因为她是头等舱乘客,法院并没有对她给予额外的司法同情。她所持船票上的条款免除了承运人"当乘客在船上或下船时对乘客身体的任何伤害"要负的责任。但这一规定并没有被认为是阿德勒女士起诉承运人雇员侵权行为的障碍。替代豁免原则可能导致一个不同的结果,但是上诉法院拒绝适用这一原则,部分是因为上诉法院并不认为这一原则构成 *Elder Dempster* 案的判决理由,部分是因为反对这一原则的政策原因。詹金斯(Jenkins)法官[51]对与斯克鲁顿法官在 *Elder Dempster* 案[52]中所持意见相类似的观点(上文已引用)给以回应:要把责任归于一位订立了免除船东责任合同的乘客是十分荒谬的。因为在合同中,乘客被剥夺了所有纠正船东雇员因疏忽行为所造成的后果的权利。反对这一原则的理由在澳大利亚和美国也有出现。[53]因此,"替代豁免"这一提法的司法适用最早出现在霍姆斯(Holmes)法官的观点中并不是偶然的。霍姆斯认为:没有哪种原则像替代豁免一样排除了侵权责任。[54]政策的冲突始终无法得到解决。加拿大最高法院在 *London Drugs* 案[55]中适用了替代豁免的形式以支持仓库保管员的雇员,并且法庭认为雇员被其雇主和存于仓库货物的所有人之间签订合同的责任条款的限制所保护。这一判决部分地建立在这样的推理基础上:如果雇员没有得到法律保护,那么货物的主人可以逃避或逃脱其明确表示同意遵守的责任限制[56],这也正是斯克鲁顿法官在 *Elder*

---

[51] [1955] 1 QB 158,187.

[52] [1923] 1 KB 420,441—442; cf Lord Finlay in the *Elder Dempster* case [1924] AC 522,548:货物的所有者通过起诉船只所有者来脱离提单关于不当装卸的保护条款是十分荒谬的。

[53] Wilson v. Darling Island Stevedoring Co [1956] 1 Lloyd's Rep. 346,359; Robert C Herd v. Krawill Machinery Corp 359 US 297,303 (1959)。

[54] AM Collins & Co v. Panama R Co 197 F 2d 893,897 (1952)(italics supplied);这一论述对此持反对意见,但是在 Robert C Herd 案中,大多数意见被压倒了。

[55] London Drugs Ltd v. Kuehne & Nagel International Ltd [1992] 3 SCR 299.

[56] Ibid., 441.

Dempster 案中作出判决时所依赖的根据。[57]这种理由之所以能胜过詹金斯法官在 Adler v. Dickson 案中作出判决时所支持的理由可能是因为,在 London Drugs 案中货物所有者并不仅仅注意到限制条款,而且还通过作出一个价值声明(declaration of value)及支付额外保险金回避了这一条款。[58]英国法院是否会遵循 London Drugs 案的判决现在还不明确。[59]我目前的意见是,他们可以在不拒绝詹金斯法官在 Adler v. Dickson 案中的推理过程的同时而遵循 London Drugs 案的判决结果。在 Adler v. Dickson 案中,阿德勒女士并不像 London Drugs 一样对其合同有这种选择的权利。甚至是在 1999 年《合同法(第三方权利)》通过以后,这一点仍然十分重要。这是因为(至少可以这么说)两起案件中任何一个所涉及的合同都规定赋予第三人——雇员——执行合同的权利。[60]应该说,在很多情况下,这个问题得到了部分解决,即通过立法对合同某一方的雇员或代理人进行合同的免责或限制保护。如果在海牙—维斯比规则的适用下,海运合同包含在提单中或能被提单证明,合同某一方的雇员或代理人就可以得到这种保护。[61]但是,这一规定并不能用来支持一个独立的合同主体,因此也不能适用于如 Elder Dempster 这样的案件。

(b) 对替代豁免的否定:Midland Silicones 案

由于同样的原因,海牙规则也无法在诸如 Midland Silicones[62]这样的案件中支持第三方。这个案件和之前已经讨

---

[57] [1923] 1 KB 420,441—442.
[58] 在 Midland Silicones [1962] AC 446 中,托运人根据 s 4(5) of the US Carriage of Goods by Sea Act 1936 有一个相似的选择使海牙规则得以实行,但是法官意见并没有对此显示出信心。
[59] See The Mahkutai [1996] AC 650,665.
[60] ie whether the requirements of ss 1(1)(a), 1(2), and 1(3) were satisfied.
[61] Carriage of Goods by Sea Act 1971, Sch, art IV bis (2).
[62] Scruttons Ltd v. Midland Silicones Ltd [1962] AC 446.

论过的案件相去甚远,因为此案提出了与合同相对性问题的两个方面均相关的事项:不仅仅关系到"利益"方面,而且也关系到"负担"方面。此案的合同标的是硅树脂,根据合同的规定,标的物由属于 United States Lines 公司的船只运送。合同被包含在一个提单中或能被提单证明,提单的请求权人为收货人。提单吸收了《美国海上货物运输法》的某些条款,《美国海上货物运输法》也承认了海牙条约的效力。因此,这一提单把承运人的责任限制在每包 500 美元以内。一旦提单被转移,货物所有权也转移给请求权人,与此同时,提单下的权利与义务也被转移给请求权人。

59　后来,搬运工人的过失导致货物被损坏,搬运工人由 United States Lines 公司雇佣,负责卸货并将货物运到收货人处。我将在后文描述损坏发生时的真实情况。United States Lines 公司和搬运工人之间签订的合同也包含了一条免责条款,即搬运工人享有由提单"条款"、"条件"及"例外"所提供的保护。搬运工人承认他们对货物的损害负有责任,但是只愿意承担每包至多 500 美元的责任。于是产生了两个问题:搬运工人是否能适用承运人和收货人之间签订合同的限制条款? 收货人是否受搬运工人和承运人之间订立合同的限制条款的约束? 上议院对这两个问题都给出了否定回答,因为搬运工人不是第一个合同的当事人,同样,收货人也不是第二个合同的当事人。

对于第一点,霍尔丹法官在 *Dunlop v. Selfridge* 案中认为:搬运工人没有被合同相对性原则所保护,不仅仅是西蒙兹(Simonds)法官,而且瑞德(Reid)法官和莫里斯法官[63]也参考了这一原则。于是,这一原则在经历了 20 世纪四五十年代对它的司法攻击后仍然顽强地存在。[64] *Elder v. Dempster* 案中,保护第三人利益的原因中没有一点对 *Midland Silicones* 案中的搬运

---

[63] *Scruttons Ltd v. Midland Silicones Ltd* [1962] AC 467,473,494.
[64] 参考上文注释。

工人有利:承运人并非以搬运工人代理人的身份与货物所有人签订合同,因为运输合同没有提及搬运工人;另外,因为搬运工人不是货物的受托人,因此也不存在附条件的寄托;并且在英国法中,替代豁免原则还不是被认可的合同相对性原则的例外。对代理这点无需更多的评论,但是有必要对"寄托"和"替代豁免"进行更详细的论述。

对"寄托"理论的否定适用揭示了这起案件中的特殊事实。相关的事实是硅树脂已经从船上卸下并被放置在由承运人从伦敦港口管理局租来的一个货棚内。收货人曾经要求承运人以及港口方运送货物,而损坏则发生在搬运工人把硅树脂从货棚里运出来转移到收货人发过来收货的车子上的过程中。在这些情况下不存在搬运工人对硅树脂的寄托是因为没有人相信此时搬运工人对硅树脂享有所有或占有的利益。如果货棚是搬运工人租的,那么就存在搬运工人对货物的寄托,即他们是收货人的转受托人,至少假如他可以忽略这个难题:委托人不是收货人,应该是硅树脂的托运人。[65] 但是这种寄托关系会给予搬运工人缩小其义务的利益么?在 *Pioneer Container* 案中我们可以找到一些支持的言论,即转受托人有权适用原寄托中的免责条款,但这只在原委托人同意把此条款纳入到转寄托的情况下存在。在 *Midland Silicones* 案中,认为存在一种默示合同的观点之所以被否定是因为(用瑞德法官的话来说)如果他们(收货人)阅读过提单,他们会发现并没有条文显示货物所有人同意限制搬运工人的责任。[66] 相同的理由也会否定收货人同意将任何这种条款纳入到一个甚至是非合同形式的寄托中。

对于在 *Midland Silicones* 案中替代豁免的否定,我的第一个观点是这部分推理的主要部分纯粹是理论上的:它仅仅简单地呈

---

[65] See *Carver on Bills of Lading* (1st edn, 2001) §§7-104 to 7-106.
[66] [1962] AC 446,474.

现为从霍尔丹法官在 *Dunlop v. Selfridge* 案中提及的合同相对性原则和更早的从 *Tweddle v. Atkinson* 案判决结果中得出的推论,而对替代豁免赞成或反对的理由则根本没有讨论,至少是没有进行明确的讨论。西蒙兹(Simonds)法官说过[67],他十分赞成富勒嘉(Fullagar)法官在澳大利亚一个类似案件[68]中所作的判决。在那个判决中,对替代豁免否定的理论基础和詹金斯法官在 *Adler v. Dickson* 案中引用的一样[69],十分清晰:一个承认自己实施了侵权行为的侵权行为人不应被允许得到与他无关的法律文书的庇护。瑞德法官关于 *Elder Dempster* 案(至少到目前为止建立在替代豁免的基础上)的描述中暗示了一个政策性的争论:一项普遍的原则——非合同当事人不能依赖合同中的条款获得法律保护——的反常的和未经解释的例外。[70]为什么其他合同相对性原则的例外在同一早期文件中被认为是已经被接受的,而这一例外却是反常的呢?[71]是因为缺少合适的理论基础还是因为它本身就不受欢迎呢?后一种解释基本上是不合适的,因为瑞德法官的描述中包含了关于合同相对性原则的提议,而这些提议在随后起草的喜玛拉雅条款及反映其法律效力的司法过程中都得到了应用。[72]

此外还有一个关于合同相对性原则的难点,即否定替代豁免的基础。在美国,即使不存在合同相对性原则,替代豁免也没有被接受。在 *Robert C Herd v. Krawill Machinery*[73]案中,最高法院根据与 *Midland Silicones* 案中相似的事实得出了同样的结果,并且将此建立在对政策考虑的基础上,特别是维持以下原则的需

---

[67] [1962] AC 472.

[68] *Wilson v. Darling Island Stevedoring and Lighterage Co* [1956] 1 Lloyd's Rep 346,559.

[69] [1955] 1 QB 158,187.

[70] [1962] AC 446,479.

[71] [1962] AC 473.

[72] 参看后文。

[73] 359 US 297 (1959).

要:如果代理人没有从法律或者约束受害方的有效合同那里获得宽免,那么代理人就要承担个人义务和责任。[74]另外,我们还需要分析严格针对寻求依赖于这些条款的人的免责条款和限制条款。[75]搬运工人败诉是因为他不是运输合同的当事人或受益人。[76]对于上议院来说,调查第二种可能性也不是开放的。[77]然而,如果此案发生在美国,搬运工人可以胜诉,因为搬运工人是合同的受益人,即使他不是合同的当事人。Midland Silicones 的大多数法官并没有讨论潜在的政策,可能是因为在这些案件中不存在实质性的政策因素,正如斯克鲁顿法官在 Elder Dempster 案中所说的一样,"真正的问题在于哪一个承保人应该承担损失"[78]。甚至当我得知阿德勒女士购买了旅行保险时我也不会感到惊讶(虽然保险赔偿金可能无法补偿她的痛苦和损失。)

众所周知,丹宁法官在 Midland Silicones 案中发表了异议,他首先参考了[79]斯克鲁顿法官在 Elder Dempster 案中的论述,即后来的替代豁免原则[80],并且他意图将替代豁免建立在自愿承担风险的基础上。在此基础上,他承认替代豁免原则无法在 Midland Silicones 案中对搬运工人有所帮助,因为提单中只明确保护承运人。然而,他继续论述到:"如果提单中明确规定货物所有人同意承受超过 500 美元之外的损失风险,不管是由于承运人还是搬运工人的过失所引起的损失,我将无法解释为何他的同意(如果是自愿作出的)将不会对其产生约束力。"[81]因此,从这些

---

[74] 359 US 303 (1959);由合同产生的豁免权(相对于由法律产生的豁免权)很明显没有被 Restatement, Agency §347 所采纳; see *Carver on Bills of Lading* (1st edn, 2001) §7-021.

[75] 359 US 297,305.

[76] 359 US 308.

[77] 参看后文关于合同第三方权利的 1999 年合同法案。

[78] *Elder Dempster* case [1923] KB 420,442.

[79] [1962] AC 446,482—483.

[80] [1923] 1 KB 420,441—442.

[81] [1962] AC 446,489.

推理过程中可以看出,丹宁法官似乎在保护他的言论。他不喜欢那些免责条款,正如他不喜欢合同相对性原则。因此,他想与 *Adler v. Dickson*[82] 的判决保持一致,他也是此案的法官之一。他认为,要发现乘客自己承担人身伤害风险的同意是很困难的[83],两起案件中并不存在这样的同意,因为涉及的合同并没有免除或限制第三方的义务。在 5 年后 *Beswick v. Beswick* 案的上诉法院审理过程中[84],他的观点似乎有所改变。此案中,他认为第三方可以执行一个为其利益而制定的合同(和受允诺人一起参与诉讼),但是如果他没有合法利益而只是想依赖免责条款免除自己责任的话,那么情况就不一样了:他并不能依赖于其不是当事人的合同的免责条款来免除自己的义务。[85] *Midland Silicones* 案的判决正是因为这一点而被广泛接受且没有产生任何批评意见。此案不具备相应的条件来证明允诺人免除第三方义务的条款是自愿作出的。[86]

丹宁法官在 *Midland Silicones* 案中的论证结果是:即使搬运工人和货物所有人之间没有成立合同关系,他们也将受到提单条款的保护。事实上搬运工人并没有得到保护,这主要是因为货物所有人并没有同意搬运工人的利益受到保护。有人会认为这和瑞德法官的推理论证大同小异,瑞德法官也认为需要另外一份不同措辞的提单(如果其他要求得到满足的话)来保护搬运工人的利益[87],这一提议导致了喜玛拉雅条款的发展[88],然而,这两种不同方法的背后隐藏着法律推理过程上的本质区别。瑞德法官的推理认为,搬运工人受到法律保护是因为他和货物所有人一起被卷

---

[82] [1955] 1 QB 158.
[83] [1962] AC 446,489.
[84] [1966] Ch 538.
[85] [1966] Ch 557.
[86] [1962] AC 446,489.
[87] [1962] AC 446,474.
[88] 参看后文。

入到一个合同关系中,而丹宁法官却认为搬运工人应作为第三方受益人得到保护,即使搬运工人和货物所有人之间并没有订立合同。

丹宁法官继续论述道:"我认为对于这些,我的观点是错误的,因为我相信法官们肯定持不同的观点。"[89]他的异议并不是建立在搬运工人有权适用货物所有人和承运人之间合同条款的权利之上,而是建立在货物所有人应受到承运人和搬运工人之间合同的约束的观点之上。推理的过程是:承运人是货物的受托人,因此,承运人可以通过他与分包商之间的合同条款约束货物所有人,前提是这些合同条款被货物所有人明确地或者可以推定地授权或批准,即同意合同的签订。[90]很难理解货物所有人为什么会同意承运人和搬运工人之间达成这种合同条款(他并不知情),而根据报告的先前部分,货物所有人并没有同意承担由搬运工人的疏忽所造成的超过 500 美元以外的损失。上议院的其他成员也讨论了"货物所有人的同意",即在货物所有人和搬运工人之间存在一个默示合同。他们的结论[91](我已经提到并将在下文进行详尽的论述[92])是在提单条款中或其他情形下,并没有证据能显示这种同意的存在,这看起来似乎具有说服力,但即使这样,丹宁法官所表达的异议仍然包含了今后将产生深远影响(我们以后会看到的)的观点的起源。

(c) 绕开合同相对性原则的方法:喜玛拉雅条款

Midland Silicones 案的判决结果并没有得到很好的推广。在我看来主要有两个方面的原因:第一,合同相对性原则的应用将导致义务停留于被免责或限制条款保护的组织内部地位相对较低的个别雇员。毫无疑问,这一因素影响了 London Drugs

---

[89] [1962] AC 446, 489.
[90] [1962] AC 491.
[91] 参看前文。
[92] 参看后文。

案[93]的判决。在 *Adler v. Dickson* 案[94]中，上诉法院从这种不满中解脱出来，这只适用于以下情况：法院判定雇员并不受免责条款的保护时，雇主保证对其雇员提供庇护。[95]第二，这一结果容易扰乱保险安排，合同中特别明确的并在合同履行过程中产生的限制范围外的保险损失由货物所有人的保险赔偿金赔偿，不论损失是由承运人的过错还是由其雇员或分包商的过错造成的。前文已经指出，在海上货物运输合同中，法律已经为这个问题的部分解决提供了方法，即扩展"承运人依据海牙—维斯比规则对其雇员或代理人的责任"的抗辩和限制[96]，但是这种解决方式并不能延伸至独立合同人（比如 *Midland Silicones* 案中的搬运工人或者 *Elder Dempster* 案中的船东）。这一发展直到 *Midland Silicones* 案的判决约十年后才得以出现。与此同时，一个更加有效的解决方式被制定出来。

在美国，找到一种绕开 *Robert C Herd* 案中的规则的方法并不存在理论上的困难。这一规则根据第三方不是合同缔约人或合同受益人的理由拒绝对第三方给予限制条款的保护。[97]并且，如果合同使第三人成为合同免责条款和限制条款的受益人，那么第三方可以依据合同的规定要求获得有关权利，即使他不是合同的当事人。在 6 年后的 *Carle Montanari* 案中，美国法院据此得出如下结论：提单的当事人在明确表达他们愿意将合同利益延伸到第三方的情况下，第三方可以享受提单中的利益。[98]那个案件中的条款实际上比法庭这一结论中所要求的更为复杂，因为它包

---

[93]　[1992] 3 SCR 299.

[94]　[1955] 1 QB 158.

[95]　Cf *Norwich CC v. Harvey* [1989] 1 WLR 828, 834，如果合同否定了第三方的义务，那么其雇工将不承担义务。判决没有对这一点进行更深一层的考虑。参见后文。

[96]　Art IV bis (2).

[97]　369 US 297, 308 (1959).

[98]　*Carle Montanari Inc v. American Export Isbrandtsen Lines Inc* 275 F Supp 76, 78 (1967).

含了代理和受托人职位的声明。但是,任何表达这种意图的其他方式都原则上可以满足这一条款的需要。这在英格兰的 1999 年《合同法(第三方权利)》中也是一样,即使这一法案的相关规定并不能够解决这一类型案件中的所有合同第三方问题。[99]

然而,根据英国普通法,这种简单的在合同中指明第三方(比如雇员)为享有合同免责条款或限制条款利益的人的方法并不奏效,因为有合同相对性原则挡道儿。因此,一个更为复杂和精细的解决方法,即喜玛拉雅条款被设计出来(这一条款用前文所提到的阿德勒女士遭受意外的那艘船的名字命名)以回应瑞德法官在 Midland Silicones 案中对非合同缔约方如何获得保护所提出的建议。[100] 这一条款的法律效力并不是将合同第三方当成另外两方之间合同的受益人来对待,而是相反地,此条款为创造一个独立的附属合同提供框架:此附属合同的一方当事人是主运输合同的一方,另一方并非主运输合同当事人然而却依赖于主合同的某一条款。[101] 根据这一制度安排,后一方不再是合同的第三方:他是与主合同一方当事人签订附属合同的缔约方,而通常在主合同中包含了喜马拉雅条款。

喜马拉雅条款在措辞上并不完全一致。但是其基本特征(只要涉及到提单)是宣告承运人作为其雇员、代理人以及分包商的代理人以保护这些人从承运人免责条款及责任限制条款中获得利益。在 Eurymedon 案[102] 中,合同包含了这种条款并且由于搬运工人在卸货过程中的疏忽而使货物受到损坏。法庭认为,货物所有人和搬运工人之间的合同已经成型(给予后者——搬运工

---

[99] See ss 1(1) and (6), 6(5) "tailpiece". 最后两个条文适用于免除或限制责任的合同条款。

[100] [1962] AC 446,474.

[101] *New Zealand Shipping Co Ltd v. AM Satterthwaite & Co Ltd* (*The Eurymedon*) [1975] AC 154.

[102] Id.

人——提单免责和责任限制的利益),而这很显然是通过货物所有人向承运人——作为第三方搬运工人的代理人——作出的允诺而实现的,并且货物所有人和搬运工人之间所形成的合同在搬运工人履行规定的服务内容时已经被后者所接受。然而,在这个问题上仍然存在很大的争议,即合同是威伯福斯(Wilberforce)法官所说的单方合同[103]还是贝维克(Berwick)法官在另一个案件的判决中所说的[104]并且后来被戈夫法官[105]所证明的双方合同?我站在威伯福斯法官这边,因为这种选择避免了搬运工人在有正当理由终止其与承运人之间合同并拒绝卸货的情况下违反他们与货物所有人之间形成的独立合同的后果。

Eurymedon 案的判决结果被不停地效仿,但后来又产生了一个难题。瑞德法官在对 Midland Silicones 案的一段评述中提出:在这种类型案件中,创造一个违约人和受害人之间的合同关系必须满足四个条件。[106]前两个条件为,提单必须明确第三人愿意被提单条款所保护,并且提单必须明确:承运人作为第三方搬运工人代理人的身份签订合同且这些条款同样也适用于搬运工人,实际上,这些要求和法律的规定相比并没有太多新意。在 Midland Silicones 案中这两点都没有得到满足。而这两点在典型的喜马拉雅条款中都得到了满足。瑞德法官的第四点要求是必须有来自于搬运工人提供的约因。满足这一要求并不困难。Eurymedon 案[107]的判决结果中提到受允诺人(搬运工人)的履行行为将产生允诺的约因,即使受允诺人已经受到与他人签订合同

---

[103] [1975] AC 154,167—168.
[104] Salmond & Spraggon (Australia) Pty Ltd v. Joint Cargo Service Ltd (The New York Star) [1979] 1 Lloyd's Rep 298,304—305;巴威克(Barwick)法官对澳大利亚高等法院的判决持异议,Privy Council: [1981] 1 WLR 138.
[105] The Mahkutai [1996] AC 650,664.
[106] [1962] AC 446,474.
[107] New Zealand Shipping Co Ltd v. AM Satterthwaite & Co Ltd (The Eurymedon) [1975] AC 154.

的约束要承担这一义务,并且从这个案件开始,这种观点就没有受到司法上的质疑。因此,搬运工人卸货并将货物运给货物所有人的行为是对货物所有人允诺授予搬运工人提单免责条款和限制条款利益的约因,即使搬运工人已经受到与承运人签订的合同的约束要完成这些约定的义务。困难来源于第三个条件,即承运人必须有来自于搬运工人的授权或者事后追认。换句话说,仅仅有承运人对其代理的宣告是不够的,还必须有先前的来自于第三方的授权(或"可能"的事后追认)。我们可以知道后一要求在理论上的原因,并且也可以看到这一要求的实际需要,因为新的附属合同将给第三方施加义务:很明显,如果没有第三人的授权或同意这是无法实现的。但是,正如我所提到的,新的合同是单方面的,并且其唯一的效力是给予第三方适用免责条款和限制条款的利益。因此,很难看出先前授权要求的实际目的,这正是瑞德法官在提出"事后追认"这一要求时如此犹豫的原因。

(d) 绕开合同相对性原则的方法:其他拟定合同条款的方式

喜马拉雅条款绝不是保护第三方权利的唯一途径。罗斯基尔(Roskill)法官在 *Junior Books* 案[108]中提到过一个著名的方法来处理建筑物所有人、主承建商以及分包商之间的关系。尽管在那个案件中并没有涉及责任的限制或免除问题,但罗斯基尔法官认为:"主合同中一个相关的免责条款根据措辞的形式可以在某些情况下限制注意义务[109]——分包商对建筑物所有人承担的义务。"这一观点受到了很多批评:一种观点是罗斯基尔法官意图参考分包合同的免责条款来解决问题[110];另一种观点是通过在原告是合同当事人而被告不是当事人的合同中设定一种假定的条

---

[108] *Junior Books Ltd v. Veitchi Co Ltd* [1983] AC 520.
[109] Ibid., 546.
[110] *Muirhead v. Industrial Tank Specialities Ltd* [1986] QB 507,525.

款。被告不能依靠此合同是因为当事人之间不存在相互关系。[111]我对这些反对观点持保留意见。对于第一点,我认为,所有人受附属合同条款(对于分合同所有人几乎没有控制权)约束的说法比所有人受主合同条款(根据推断,所有人同意主合同的条款)约束的说法显然更没有道理。对于第二点,一个人受到其不是当事人的合同条款的约束的说法,比一个人将从这样的合同中受益的说法更让人震惊。罗斯基尔法官的建议十分有道理,因为分包商知道主合同的条款并且此条款将决定他被要求履行何种义务:比如,除了主合同的条款之外,在货棚里储存货物比在院子里储存要安全得多。罗斯基尔法官的观点在很多案件的判决中都得到了应用。比如在 Norwich CC v. Harvey 案[112]中,房屋所有人接受了主合同中有关火灾风险的条款,于是法院认为修缮房顶的分包商不需对火险损害承担责任:"虽然雇主和分包商之间不存在合同上的相互关系,但分包商在相似的基础上与承包商缔结合同,因此分包商对火险损失不承担任何责任。"[113]而且法庭认为:"分包商的雇员也不须承担责任。"[114]最后一点十分明确:没有人能忽视 Adler v. Dickson 案的判决中蕴含的思想。[115]

我认为罗斯基尔的意见并不能帮助 Midland Silicones 案中的搬运工人。[116]他谈到一个相关的免责条款,即限制注意义务的条款。限制条款不属于此类,它并没有详细说明一个人要做什么,而仅仅只是揭示他没有做他应该做的事情之后所产生的法律后果。

---

[111] *Leigh & Sillavan Ltd v. Aliakmon Shipping Co Ltd (The Aliakmon)* [1986] AC 785,815.
[112] [1989] 1 WLR 828.
[113] Ibid., 834.
[114] Id.
[115] [1955] 1 QB 158.
[116] [1962] AC 446.

5 通过免责条款约束合同第三方

(a) 一般规则

Midland Silicones 案[117]判决结果被人们记住的主要原因在于,搬运工人因合同相对性原则而被排除适用承运人和货物所有人签订合同中的免责条款。然而,此案有更重要的一个方面,即搬运工人与承运人订立的合同中也有免责条款。大多数法官都认为搬运工人无法依靠这一条款来对抗货物所有人,因为货物所有人并不是搬运工人和承运人之间所立合同的当事人,因此货物所有人也无需受此合同条款的制约。他们认为这一点是当然的,但是对于在案中搬运工人和货物所有人之间是否存在一个默示合同,西蒙兹法官认为:"他们(货物所有人)对搬运工人与承运人之间的关系一无所知。"[118]这正是他对两方之间合同关系所提及的最深入的一点。而瑞德法官在这个问题上的态度要更明确一些:"搬运工人和承运人之间的合同中存在搬运工人权利应受到保护的规定或条款。但是这一条款不能自动地限制收货人。搬运工人和承运人形成的合同条款与搬运工人与收货人之间的问题是不相关的。"[119]这一点不言自明。莫里斯法官在这一问题上的态度简明扼要,他认为:"这对于在此案上诉中出现的问题没有什么效果。"[120]不过有意思的是,他并没有提到货物所有人不是搬运工人和承运人之间合同的当事人。他的依据是货物所有人对搬运合同条款的存在毫不知情。而基思(Keith)法官则是根本没有提及这个问题。大多数法官很少提及案件的这一方面,这

---

[117] Id.
[118] [1962] AC 446,467.
[119] Ibid., 474,493.
[120] Ibid., 493.

主要是因为(根据报告的记载)搬运工人的辩护律师并没有以此为重点辩护理由为搬运工人辩护。讨论完全倾向于表明搬运工人可以从货物所有人和承运人之间签订的合同条款中获益。很显然,上述观点不被绝大部分法官认可,并且到最后丹宁法官也否定了这一观点。对于货物所有人应受到承运人与搬运工人之间合同条款约束的观点,大多数法官似乎并不是对搬运工人的辩护律师而是对丹宁法官在这一问题上的意见进行回应。毫无疑问,他们在起草最后的报告之前参考过丹宁法官在这个问题上发表的不同意见。

一个人不受其不是合同当事人的免责条款及限制条款约束的原则在 *Aliakmon* 案[121]中再次出现。此案中,由卖方和承运人签订合同(合同被提单证明),把货物从卖方处运到买方处。在运输过程中由于承运人的疏忽致使货物受到了损坏,但是损坏发生在风险转移给买方之后而所有权转移至买方之前。因此,损失的赔偿就落到了他身上。买方无法根据合同提出请求,因为根据提单,转移合同权利的条件并没有得到满足。[122]因此,买主对承运人提起的侵权诉讼并没有得到法庭的支持,这主要是因为当货物发生损害时,他对货物并不享有所有或占有的利益。另外,还有人认为,如果买主在这一侵权案件中胜诉的话,那么承运人将无法获得海牙规则的保护,而海牙规则是本案提单合同中的一部分。后来这一观点被否决,因为买方认为他受运输合同中限制条款和免责条款的保护。我们似乎在镜子面前站错了位置:在一般情况下,通常是由主张获得免责条款保护的一方(即承运人)要求第三方受到合同的限制和约束,而在这个案件中,是由第三方来提出这个主张以期在侵权请求中胜诉。然而上议院驳回了这

---

[121] [1986] AC 785.

[122] 他可以依据 s1 of the Bills of Lading Act 1855 认为货物没有在合理的时间内交付给他。依据这起案件的事实,买方获得了根据 Carriage of Goods by Sea Act 1992 s 2(1)对抗承运人的合同权利,参见 *White v. Jones* [1995] 2 AC 207,265。

一观点,他们认为买主不是(也没有成为)运输合同的一方当事人。因此,如果支持买主胜诉,那么将会使承运人失去海牙规则的保护。然而,这种推理逻辑仍然存在一定的问题,因为这种推理并没有考虑到在案件中第三方没有成为运输合同的一方但却对货物享有所有或占有利益的情况。[123]在这种情况下,*Aliakmon*案中给出的驳回侵权请求的主要理由将无法得到应用,并且如果承运人要对这种请求负责,他将无法得到海牙规则的保护。[124]

(b) 绕开一般规则的方法

丹宁法官在 *Midland Silicones* 案中发表异议时所提出的"我们商法中一个十分严重的空白"[125]现在看来是可能存在的。在没有发现通过海牙规则的免责和限制条款约束第三方的方法的情况下,他所关注的法律空白将会对海牙规则产生不利的影响。[126]然而,问题绝不仅仅限于涉及此规则或其他类似运输惯例的案例。这种问题可以在任何一个影响到三方商业利益的关系中产生,只要这三方关系由两个合同调整,并且分别只有两方为这两个合同的当事人。实际上,这是斯克鲁顿法官在 *Elder Dempster* 案中提及"绕开提单的一个简单可行的方法"时遇到的困难[127],虽然在法律上他的解决方法和丹宁法官建议的方法不太一致:斯克鲁顿法官试图给予过错方合同利益,而在此合同中,过错方不是合同当事人,但受害方是。而丹宁法官则试图通过用受害方不是但过错方是合同当事人的合同条款约束受害方来解决问题。

---

[123] 比如如果财产已经被交付,但是提单并没有交付给他。
[124] 在此案中有争议的一点可能是要承运人对货主承担侵权责任可能并不公平、公正和合理。Marc Rich Co AG v. Bishop Rock Machine Co Ltd (*The Nicholas H*) [1996] AC 211 是一个比较相似的案件,此案可以从某种角度支持这一观点。
[125] [1962] AC 446,491.
[126] Id.
[127] [1923] KB 420,441.

(i) 默示合同

在 *Midland Silicones* 案出现的前几年，德夫林法官在涉及海牙规则的 *Pyrene v. Scindia Navigation* 案[128]中提到填补这一法律空白的几种方法。此案中，一批货物从伦敦运出并出售给印度政府。货物运输的所有合同安排都由买主的代理人完成，因此运输合同实际上是买主和承运人之间的合同。其中一件货物——消防船——在装船过程中受到损害，而此时货物的所有权仍在卖方手中，风险也由卖方承担，因此当卖方起诉要求承运人承担修理费用时，承运人认为他们的责任受到海牙规则的限制，而海牙规则被包含在此运输合同中从而成为合同的一部分。德夫林法官给出了三个理由认为卖方虽然不是合同当事人（至少从表面上看不是），但仍然要受到运输合同责任限制条款的约束。其中他较认可的理由是，合同的第三方从运输合同中获益，因此，也会相应地受制于这一合同施加的义务。[129]这一推论看起来似乎有点奇怪。我们可以预见如果卖主试图执行运输合同的后果。然而，那并不是卖方当时正在做的事情，他们想要做的是对运输合同视而不见。卖方可以或者能够参与执行合同，因此他们至少要受到某些合同条款的限制。第一点理由建立在对合同相对性原则质疑的基础上，而丹宁法官在先前的案例中也表示过相同的质疑。[130]当上议院在 *Midland Silicones* 案中否定这些怀疑时[131]，*Pyrene* 案中有关这一部分的这些论证也没有被接受。对于德夫林法官给出的另外两个理由，他自己表现得也不是很热衷，即买方（至少在某种程度上）扮演的是卖方代理人的角色，因为买方和承运人签订了运输合同。因此，当卖方要把消防船交给承运人

---

[128] *Pyrene Co Ltd v. Scindia Navigation Co Ltd* [1954] 2 QB 402.

[129] [1954] 2 QB 402, 426.

[130] See the reference in [1954] 2 QB 402, 422 to *Smith and Snipes Hall Farm v. River Douglas Catchment Board* [1949] 2 KB 500.

[131] [1926] AC 446；并参见前文。

进行装船时,一项包含有主合同免责条款和限制条款的默示合同就产生了。这是对 Pyrene 案的第二种解释(默示合同),这一解释被 Midland Silicones 案的判决所采纳。[132] 然而,"默示合同"的应用仍然受到了一定的限制,因为利用"默示合同"进行推论要求主张获得合同保护的一方和声称应被合同条款约束的第三方之间存在直接的合同关系或交易关系。

(ii) 附条件的转寄托

因此,法学家们开始寻求另一种更有效的基本规则的例外,其中之一便是附条件的寄托或附条件的转寄托。这被看成是一支具有魔力的魔棒,用来摆脱合同法各种迟钝规则所造成的难题。我想在此套用亚历山大·蒲柏祭奠牛顿的一句诗*:

上帝说,让寄托出世吧,于是一切都处在光明之中!

我们从丹宁法官在 Morris v. CW Martin Ltd 案[133]判决中的一段话开始讨论寄托问题。此案中,一条貂皮围巾被送到皮货商(受托人)处清洗,后来,由于得到貂皮围巾主人(寄托人)的同意及根据皮货商和洗衣店之间的合同,貂皮围巾被送到一家洗衣店(转受托人)处进行清洗。根据对免责条款的解释,条款并没有免除在失窃的情况下洗衣店向围巾主人赔偿的责任。但是如果条款包含了这一责任,那么按照丹宁法官的观点,洗衣店可以依据条款来对抗围巾所有人,即使这些条款都包含在围巾所有人不是当事人的合同中。丹宁法官认为:如果围巾的所有人明确地或者可以推论地暗示同意受托人作出一个包含这些条件的转寄托,那么,围巾所有人就要受到受托人和转受托人之间合同条款的约

---

[132] [1926] AC 471;参见迪普洛克法官对这起案件的判决:[1959] 1 QB 171, 193。

* 原诗句是:"上帝说,让牛顿出世吧!于是一切都处在光明之中。"——译者注

[133] [1966] 1 QB 716.

76 束。[134]关于上文所谈到的 20 世纪有关合同相对性原则的争论，我想谈六个问题。

第一，这一论述和丹宁法官在 Midland Silicones 案中持异议时依据的理由十分接近。丹宁法官认为：当物品的所有人同意占有其物品的人（受托人）为其物品订立一份合同，那么如果所有人明确地或可以推论地授权或表示同意，即使所有人不是合同当事人，他也不能违背这份合同中的条款。[135]两种论述的唯一不同之处在于分包商的地位：如果他是转受托人，他就必须遵守 Morris v. Martin 案确立的规则，丹宁法官确立的 Midland Silicones 规则延伸到了不是转受托人的分包商。在他看来，这将使搬运工人依据其与承运人订立的合同来对抗货物所有人，即使搬运人不是任何形式的受托人。[136]但是，我们必须记住，大部分法官反对这一观点，并且认为货物所有人的请求并没有被搬运工人和承运人之间的合同所影响，即使所有人与承运人之间存在货物的寄托关系。

第二，虽然丹宁法官在 Midland Silicones 案中发表的异议没有得到响应（甚至没有被布兰登法官在 Aliakmon 案的判决中提到），但是他在 Morris v. Martin 案中的论述却得到了广泛的（甚至可以说是热情的）支持。这在 Pioneer Container 案[137]中表现得尤为明显，因为丹宁法官的观点被枢密院采纳。在这一观念的发展历程上，有段时期甚至认为所有人（寄托人）对转寄托协议条款的同意不是所有人受到约束的必要条件。[138]然而，这一原则的延伸在 Pioneer Container 案中被否定了。因此我们可以说，丹

---

[134] [1966] 1 QB 729.
[135] [1962] AC 446, 491.
[136] 参见前文。
[137] [1994] 2 AC 324; cf also Compania Portorafti Commerciale SA v. Ultramar Panama Inc (The Captain Gregos) (No 2) [1990] 2 Lloyd's Rep 395, 405.
[138] Johnson Matthey & Co v. Constantine Terminals Ltd [1976] 2 Lloyd's Rep 215, 221.

宁法官在 Morris v. Martin 案中的观点已经成为正统的学说：即当存在寄托人、受托人和转受托人三方关系时，寄托人要受到其明确表示同意的或根据推定默示同意的转寄托合同条款的限制，即使寄托人并不是转寄托合同的当事人。

第三，所有这些都与和第三方受益人相关的法律无关。转受托人依据的合同条款包含在转受托人为当事人的合同中，这一点被桑奈法官在 Elder Dempster 案中所使用的"附条件的寄托"所蒙蔽。毫无疑问，从"附条件的寄托"转到 Morris v. Martin[139]案（以及后来的这种案件[140]）中的"附条件的转寄托"是很容易的。Elder Dempster 案的确引起了第三方受益人的问题，即船东能否享有租船人和货物所有人之间合同的利益呢？在 Morris v. Martin 案中，洗衣店没有做任何努力以期获得貂皮围巾主人和皮货商之间合同条款的利益：问题在于围巾主人是否应该受到其不是当事人的合同条款的制约。

第四，"附条件的转寄托"例外的理论基础还存在问题。我们假设 Midland Silicones 案在判决搬运工人不能依据其和承运人之间签订的合同而受到保护（因为他们不是货物的受托人）是正确的[141]，或者我们假定在 Adler v. Dickson 案[142]中，船员的雇佣合同规定船员享有和雇主一样的法律保护。在第一个案件中，搬运工人不可能求助于 Morris v. Martin 规则，因为虽然承运人是受托人，但是搬运工人不是转受托人。第二个案件中，这一原则仍不能得到应用是因为客运无法导致寄托关系的产生（除了乘客的行李，当然这点和案件毫无关系）。并且过错方是转受托人，他并不能援引这一规则来对抗不是寄托人的一方。这就是

---

[139]　[1966] 1 QB 716,730.
[140]　eg in *The Pioneer Container* [1994] 2 AC 324,339.
[141]　参见前文。
[142]　[1955] 1 QB 158.

Aliakmon 案[143]中的承运人无法依赖这一原则的原因:此案中的寄托人是卖方而不是买方。[144](在 *Midland Silicones* 案中[145],对承运人的寄托并不是由提出请求的收货人做出的,而是由货主作出的,而这点在此案的判决中并没有被讨论。) 因此 *Aliakmon* 案中的假设是转寄托例外仅仅只能适用于受害人为寄托人并且过错方是转受托人的情况:转受托人可以依据其和受托人签订的合同来对抗寄托人,即使在寄托人和转受托人之间并不存在合同。是什么因素使这种情形脱离于其他诸如 *Aliakmon* 案和 *Midland Silicones* 案中(此案中,*Morris v. Martin* 原则无法适用)的情况呢? 可能是因为受害一方有一个寄托关系,而之后又有一个他同意的转寄托关系。在以上关系中,受害方将其权利主张建立在他自己与过错方之间的寄托人与转受托人关系的基础上,这就是转受托人对寄托人所负义务的唯一法律依据。这一义务由于受害方对转寄托相关条款的同意而被免除或限制。[146] 但如果是这样的话,就会产生另外一个问题:为什么仅仅在包含这种关系的条款为转寄托的情况下受害方对这种条款的同意便能满足适用的条件? 寄托到底有何特殊之处? 当然,依据寄托来分析比依据合同来分析更容易,更方便一些。但是很多其他并不需要依靠合同来处理的关系也被法律认可,并且产生包含注意义务的关系:难道对寄托的强调仅仅是法制史上或是法律术语学发展史上的一次偶然事件? 难道寄托仅仅是为了使我们从迟钝的合同法中解脱出来才出现的么?

第五,这使我对 *Morris v. Martin* 原则产生了这样一个观点:

---

[143] [1986] AC 785. 在 Brandon 法官的意见中没有提及 *Morris v. Martin* 案。

[144] [1986] AC 818. 关于 *Borealis AB v. Stargas Ltd (The Berge Sisar)* [2001] 2 All ER 193, [2001] UKHL 17 at [18] 中由明显相反的权威言论所引起的难点,参见 *Carver on Bills of Lading* (1st edn, 2001) §7-038 n 47.

[145] [1962] AC 446.

[146] See *The Pioneer Container* [1994] 2 AC 324, 341.

这个原则的范围是什么？这导致两个相关的问题：首先，寄托人、受托人和转受托人之间的关系是否已经足够充分？其次，这一关系对原则的适用是否是必须的？要回答第一个问题必须对两类案件作出区分。一种是转寄托是被违反义务唯一法律原因的案件：比如转受托人没有履行保管义务致使货物遗失（无论是因为交付错误还是其他原因）。另一种是转受托人由于疏忽大意致使货物遭受损坏而导致责任的产生，并不是因为他是受托人，而仅仅是因为他与货物更为接近。[147] 在 *Johnson Matthey* 案[148]中，唐纳森（Donaldson）法官没有把握地认为在后一种案件中，寄托人不应该受到其不是当事人的附条件转寄托条款的约束，因为寄托人对任何寄托都有独立的诉因。这就涉及我提出的第二个问题，即绝大部分法官都认为受害方和过错方之间的寄托关系对 *Morris v. Martin* 原则的适用是必不可少的。*Pioneer Container* 案[149]的推理也建立在这种关系的基础上，正如在 *Mahkutai* 案[150]中讨论的一样，其实真正的问题是转受托人能否获得寄托人和受托人之间合同的利益。某些人以相关方（搬运工人和货物所有人）之间不存在寄托关系为基础来解释 *Midland Silicones* 案[151]，虽然这种观点并非这一判决的原因。这一解释可能有时间顺序上的错误，因为 *Morris v. Martin* 原则出现的时间比 *Midland Silicones* 案晚。然而也有观点认为寄托并不是这一原则适用的必要条件，或者至少是"相似"原则的必要条件。这一观点来自于戈夫法官在 *Henderson v. Merrett Syndicates* 案[152]中的意见，此案中他讨论了不存在寄托关系但仍然存在建筑所有

---

[147] *Hispanica de Petroleos SA v. Vencedora Oceanica Navigation SA (The Kapetan Markos NL) (No 2)* [1987] 2 Lloyd's Rep. 321, 340.

[148] [1976] 2 Lloyd's Rep 321, 340.

[149] See *The Pioneer Container* [1994] 2 AC 324, 341.

[150] [1996] AC 650.

[151] [1962] AC 446.

[152] [1995] 2 AC 145, 196.

人、主承建商以及分包商三方关系的情况。分包商被认为可能因建筑所有人授权批准的转包合同的免责条款获得保护。这一建议是一种尝试性的建议,并且这一观点与我在上文提到的对"寄托"的强调或者与 Midland Silicones 案判决结果的契合上比较困难。也许我们可以这样解释:货物所有人并没有授权或批准与搬运工人有关的合同条款(他并没有意识到这种合同条款的存在),但是他必须认识到承运人有可能会雇佣分包商来卸货并且至少以默示推定的方式同意这种雇佣关系。另外,建筑合同中的"授权"似乎有"代理"的弦外之音,并暗示存在着一个建筑所有人和分包商之间的直接的附属合同。除了建筑所有人的"授权",关于戈夫法官的判决理由还有很多需要研究。合同相对性原则中合同不约束第三方的这一方面建立在不应在一方没有同意的情况下向其施予义务的基础之上,戈夫法官的假设是第三方同意了分包合同条款。毫无疑问,对某人执行一项他自己并不是合同当事人并且要求他完成某些事项的合同条款时肯定存在一定困难(比如向分包商支付奖金),那么,利用仅仅限制他对于分包商的权利的条款来约束他可能就不会那么困难。为了实现这一目的,第三方的同意似乎是比转寄托关系的存在更重要的因素。

第六,这导致了我的最后一个问题:如果既不存在寄托也不存在第三方的同意,那么第三方是否应该受到免责条款的约束呢?戈夫法官在关于失望受益人的 White v. Jones 案中认为甚至这种同意也不是一直不变的必要因素:律师对受益人应承担的责任被认为受制于律师和立遗嘱人之间的合同条款。而合同条款可以免除或限制律师对于立遗嘱人的责任。[153] 通常情况下,受益人并不了解这些条款,甚至对律师与其客户之间关系的存在也

---

[153] [1995] 2 AC 207, 268.

一无所知。正因为如此，在 White v. Jones 案的其他法官意见中没有任何对这一建议其他支持的声音也就不足为奇了。但是这一建议和罗斯基尔法官在 Junior Books 案[154]中作出的评论十分相似，即分包合同中相关条款通过确定分包商应履行的义务来影响主合同中和分包商不存在任何合同关系的一方。举个例子，如果在 Midland Silicones 案中，搬运合同允许搬运工人使用不适合搬运硅树脂的工具，而最后货物所有人遭受损失的原因正是因为使用了不当工具。搬运工人能够认为因为自己适当地完成了他和承运人签订合同中所规定的义务，因而他对货物所有人的损失就不承担责任么？这是一个两难的问题。一方面（正如宾汉姆[Bingham]法官在讨论一个相似情形时说的[155]）允许搬运工人在侵权诉讼中依据这些条款可能对货物所有人不公平（如果他并不知道或者没有同意搬运工人和承运人之间的合同）；另一方面，在这些当事人之间进行合同谈判，以允许货物所有人因搬运工人无法履行之前他从未允诺的事项而起诉搬运工人的努力有可能是徒劳无功的。在上文所提及的案例中，我倾向于站在搬运工人这一方，因为搬运工人已经完全履行了其义务，我想通过免除第三人（货物所有人）的责任而给第三人提供一点安慰，因为承运人必须从货物所有人那里获得授权从而雇佣分包商来履行承运人向货物所有人承担的（部分）义务。[156]这样就使得货物所有人的权利请求受制于运输合同中的免责条款和限制条款。但是，我并没有发现三者间结构上（分包商不是过错方）所导致的结果有什么问题。

---

[154]　[1983] AC 520,546.
[155]　Simaan General Contracting Co v. Pilkington Glass Ltd (No 2) [1988] QB 758,782—783.
[156]　Cf Stewart v. Reavell's Garage [1952] QB 545.

6 Beswick v. Beswick

当我们谈到 Beswick v. Beswick 案[157]时,霍尔丹法官关于合同相对性的"基本"原则[158]在 Midland Silicones 案[159]中又得到了重申。但是,如果要从 Beswick v. Beswick 案中归纳出某些寓意的话,那就是,在这个案件中阻止或挫败合同相对性原则的适用十分容易。案件事实十分清楚简单,但是在这个快速变化的时代,为了能够在基本案件事实上进行某些变化,我将在这里把案件再重述一遍。

(a) 事实和结果

彼得·贝斯威克(Peter Beswick)是一个煤炭商,他没有固定的经营场所,只有一辆卡车,一些秤、砝码和其他工具。他已经七十多岁了,因此他被丹宁法官(当案件被上诉法院受理时他已经67岁)称为老彼得[160],被丹克沃茨法官(他那时78岁)描述成老头子[161]。彼得的健康状况一直不好,而且一只脚也被截肢,因此他决定退休并立下遗嘱。他的妻子鲁斯(Ruth)没有参与经营他的煤炭事业。1962年3月14日,彼得·贝斯威克和他的侄子约翰(John)(约翰曾经帮助彼得参与生意的经营)会见律师并在贴着6便士邮票的信笺纸上签订协议。根据双方签订的协议,彼得将生意(包括卡车和其他设备)的经营权转让给约翰,而约翰同意聘任彼得为顾问并且每周支付其6英镑10先令作为薪水。后来约翰又同意:彼得死亡后约翰每周向其遗孀鲁斯支付5英镑的

---
[157] [1968] AC 58.
[158] *Dunlop Pneumatic Tyre Co Ltd v. Selfridge & Co Ltd* [1915] AC 847, 853.
[159] [1962] AC 446.
[160] [1966] Ch 538, 549.
[161] Ibid., 558.

养老金,并且还同意接管彼得向其债权人承担的一系列债务:向乔治(Geroge)和莉迪亚·特纳(Lydia Turner)偿还187英镑,向约瑟夫·贝斯威克(Joseph Beswick)偿还250英镑,或者是比这稍少一些的数额,且已征得上述债权人同意。报告中并没有详细说明协议中有关这一部分的情况,协议是彼得和约翰双方达成的,鲁斯及其提及的债权人都不是合同的当事人。彼得于1963年11月3日逝世,死亡时和鲁斯还保持着婚姻关系,鲁斯那时已经74岁并且身体状况日趋恶化,但在后来的诉讼中我们可以感受到她身上的顽强斗志。彼得葬礼那天约翰付给鲁斯25英镑,此后约翰再也没有依据协议向鲁斯支付钱款了。彼得并没有留下遗嘱,因此鲁斯获得了管理彼得遗产的委任状。彼得的财产被估价为50英镑,这意味着除了他和约翰签订的意图维持他和鲁斯剩余年月的协定,彼得没有留下任何财产。[162]鲁斯以她自己和彼得遗产管理人的双重身份向法院起诉约翰,她主张:(i)约翰向其支付拖欠的175英镑养老金;(ii)约翰履行他和彼得之间达成的协议并且根据协议支付养老金(包括拖欠的)以及(iii)法庭宣告约翰对其负有责任和义务(要么是对鲁斯个人的,要么是对鲁斯作为遗产管理人身份的)而向其支付价款。在一审中,伯吉斯(Burgess)法官驳回了她的请求。[163]而在上诉法院[164],丹宁法官却支持了她的请求。理由有三点:(1)她可以根据普通法以其个人身份起诉;(2)她可以根据1925年《财产法》第56(1)条起诉以及(3)她可以以彼得遗产管理人的身份要求约翰和彼得间协议的强制履行。丹克沃茨法官也得出了相似的结论,但他的理由依据要狭窄一些。他认为鲁斯可以根据第56(1)条(虽然不是以普通法)起诉并且她可以以遗产管理人的身份要求协议的强

---

[162] [1968] AC 58,102.
[163] [1965] 3 All ER 858.
[164] [1966] Ch 538.

制履行。而塞尔蒙(Salmon)法官只依据最后一个理由来支持她的请求,即鲁斯作为彼得的遗产管理人有权要求协议的强制履行。上议院肯定了上诉法院的判决,判决理由是塞尔蒙法官所持的理由,上诉法院在这里并没有采纳《财产法》第56(1)条的依据。并且上议院还认为确定鲁斯在普通法中是否有权以个人身份提起诉讼是不必要的,虽然有关的意见似乎假定她没有这种权利。[165]

(b) 绕开合同相对性原则的方法

在我们对这个案件所引起的问题进行讨论之前,我们先不去想那个为约翰和彼得起草协议的律师。很明显,律师当时处于忙乱的状态之中。"事情显得十分紧急,阿什克罗夫特(Ashcroft)律师起草了一份协议然后协议被双方执行。"[166] 约翰可能担心彼得的生命无法持续太长的时间,所以希望彼得将其生意迅速转让给他。假如有更多的时间给律师思考的话,他可能会起草一份更完美的协议文本以避免合同相对性原则对协议的冲击,同时也会减少在这么小标的额案件上所花费的巨大法律成本。[167] 律师可以在更多的方面作出努力:

首先,他可以使鲁斯成为合同的一方当事人,即他应该在约翰和彼得的协议中加入约翰每周向鲁斯支付5英镑的允诺。不过这样会产生一个明显的问题,即鲁斯对约翰向其假定的允诺没有提供任何约因。对此有两个简单的解决方法。第一,将此协议盖印。这不会比在贴着6便士邮票的信笺纸上签署协议的程序困难很多。签立一项契约的程序现在可能会更加简单:所需要的就是使用诸如"立约为证"这样的术语以及一个见证人[168](这在

---

[165] See [1968] AC 58, 72, 81, 83, 92—93, 95.
[166] [1965] 2 All ER 858, 860.
[167] See [1966] Ch 538, 567.
[168] Law of Property (Miscellaneous Provisions) Act 1989, s 1.

律师办公室里很容易实现)。这种合同可以给予鲁斯根据普通法以个人资格起诉的权利。的确,这不会给予她以个人资格任何强制履行(因为衡平法不会救助一位自愿行为人)的权利[169],但是她是否享有普通法上执行协议的权利并不重要。如果衡平救济更方便的话(因为它可以避免重复向法院寻求救济),鲁斯仍可以以遗产管理人的身份使用这一救济方式。

第二个解决办法是,无需考虑鲁斯没有为约翰对她的任何允诺提供约因,因为鲁斯和彼得本应该被一起写入合同。如果一方向两人作出允诺,那么两人均可要求执行允诺,即便约因只由其中一人给付[170],的确,两人必须联合起来参与诉讼。[171]另外,如果其中一位受允诺人去世,死者的权利将会基于(在共有财产中)生者对死者名下财产的取得权而转让给另一位受允诺人。[172]因此,如果在 *Beswick v. Beswick* 案中,约翰以这种方式作出允诺,那么彼得去世以后,约翰依据假定的允诺应获得的权利将会转移给鲁斯。即便鲁斯并没有为允诺提供任何约因,她也可以提起诉讼。

使鲁斯成为协议一方的另一个方法是,律师可以促成彼得和约翰达成一个协议,并依据合同相对性原则的例外情形赋予鲁斯权利。特别是因为受允诺人已经使自己成为第三方的允诺利益的受托人,因此他可以利用例外情形使第三方获得执行允诺的权利。之前已经提到过例外情形,发生在20世纪中期的案件反映的趋势是要逐渐缩小例外的范围,而这是通过严格要求受允诺人建立一个有利于第三方利益的信托来实现的。[173]但是司法实践却不太情愿使用例外情形,这可以通过合同中的明确条款来解

---

[169] *Jefferys v. Jefferys* (1841) Cr & Ph 138.
[170] See *Coulls v. Bagot's Executor and Trusted Co Ltd* (1967) 119 CLR 60.
[171] *Sorsbie v. Park* (1843) 12 M & W 146.
[172] *Anderson v. Martindale* (1801) 1 East 497.
[173] Re *Schebsman* [1944] Ch 83.

决,即受允诺人作为第三人的受托人获取允诺利益。因此,在 Beswick v. Beswick 案中,约翰对彼得允诺的每年支付给鲁斯的养老金可以用明确的合同条款将其认定为鲁斯(养老金)的受托人。那么,即使鲁斯并没有成为彼得的遗产管理人(比如彼得在遗嘱中指定他的兄弟保罗担任遗产管理人),她也可以就约定的允诺起诉约翰。鲁斯可以和保罗一起作为共同的一方向约翰提起诉讼。

如果那样的话,对于律师来说拟定一个给予鲁斯可执行权利的合同原本是非常简单的事,可是他为什么不那样做呢?报告并没有就这一问题给出答案,看起来似乎有两种可能性。第一种可能性是律师在订立合同时比较匆忙,协议的内容显然是彼得和约翰直接强加给律师的。但是,我不大情愿说这是律师的疏忽,那么另一种可能性是律师只是简单地遵循了彼得和约翰给他的指示。我们无从得知在1962年3月14日这天律师向他的委托人传递了怎样的讯息,但是律师可能告知彼得和约翰的是:(1)他们可以为鲁斯设立法律上可执行的权利,把鲁斯也纳入合同;但是(2)如果他们这样做,他们变更合同的权利也许会丧失或者被限制。或许彼得和约翰并不喜欢这个建议,于是他们就指示他(律师)那样做了。我提出这些问题是因为这些问题与涉及改革的案件及改革的范围相关。在对后一个问题的讨论中,我将回到案子的这个方面。现在我想集中在普通法的立场上利用衡平法,排除成文法。

普通法在这个问题上的态度可以归纳为三个方面。第一,第三方(鲁斯以自己的身份)没有对抗合同允诺人(约翰)的诉因。第二,受允诺人(鲁斯以代理人的身份)可以通过强制履行获得救济对抗允诺人。第三,赋予强制履行衡平救济的原因之一是受允诺人普通法上的救济并不充分。这是因为受允诺人财产没有遭受任何损失,因此上议院大部分法官认为在财产上只能请求名义上的微不足道的损害赔偿金(事实上约翰已经付给法院 2 英镑)。这是"法律黑洞"的一个版本[174],这一观点在后来的案例中也可以找到。既然生意已经转移给约翰经营,那么他就不能被允许侥幸地拒绝履行其对应的允诺。这个洞也不完全是黑的(如果这种修辞文法可以被原谅的话),因为约翰已经向彼得提供了约因,并且也对鲁斯进行过一次支付,而且他也许还偿还了彼得的部分债务;另一方面,他故意拒绝履行他对鲁斯的允诺,他的故意拒绝行为比其他案件中被告的疏忽更为恶劣,在那些案件中,法庭十分害怕制造这种法律黑洞。把这些要点放在一边,这里将要讨论的问题是:后来普通法的发展在多大程度上能缓和我们对 *Beswick v. Beswick* 案中"黑洞"的担心。这个问题又被分解成两个问题:现在鲁斯是否能通过起诉侵权人来增加她的机会? 之后法律关于第三方损害赔偿问题的发展对 *Beswick v. Beswick* 案的推理论证产生了怎样的影响?

(c) 侵权责任?

一旦涉及侵权责任,这一请求最明显的目标就是为彼得和约翰订立合同的律师,他本来可以不用遇到很多困难就赋予鲁斯本人执行合同的权利。我在上文已经对他为何不这样做给出了两个假设。一个假设是他执行了彼得和约翰的指示,如果是那样,那么他对鲁斯就不负有任何注意义务。另一个假设是他的疏忽大意(我重申我不认为他当时是出于疏忽)。但是,如果当时的情形确实是这样,那么至少从表面上可以认为:根据失望受益人案例——例如 *White v. Jones* 案[175]——他对鲁斯负有注意义务。最近的案例,如 *Gorham v. British Telecommunications plc* 案[176]

---

[174] See *the Darlington case* [1995] 1 WLR 68,79;关于这种隐喻的起源,参见 *Alfred McAlpine Construction Ltd v. Panatown Ltd* [2001] 1 AC 518,529。
[175] [1995] 2 AC 207.
[176] [2000] 1 WLR 2129.

表明这一原则不限于遗嘱受益人,而且从某方面讲 Beswick v. Beswick 案的这方面与 Gorham 案很相似:彼得加入此协定的一个原因就是为他的寡妻设定合同条款。所以,律师对鲁斯负有注意义务。但也存在一个相反的观点,即根据有关失望受益人的其他案例[177],如果发现了遗嘱中的缺陷,继而对此缺陷进行修正,那么这种责任就不存在了。Beswick v. Beswick 案中,当合同的缺陷被发现时是有可能使之恢复正常的,而且当得到强制履行的命令时,合同中的缺陷实际上也就不存在了。另外,这个命令的后果是即使律师对鲁斯负有注意义务,鲁斯也没有因为约翰的违约而遭受任何损失。为了让这个问题更生动一些,我们必须设想一下约翰的这种允诺并不是可以被强制执行的,例如约翰允诺在 4 月到 10 月之间每周为鲁斯修剪一次草坪。我还假设约翰允诺将亲自完成这些工作,而不仅仅只追求允诺最终是否实现,因此,强制履行在这里无法实现。[178] 在那种情况下,律师侵权的可能性更大一些,虽然这受制于下文要讨论的对财产进行令人满意的救济的可能性。在讨论那个问题之前,我可能得说我在鲁斯通过对约翰提起侵权诉讼来对抗约翰拒绝履行彼得与其之间合同的问题上没有看到任何可能性。在这种情况下,允许对抗允诺人的侵权救济就意味着对合同约定中不存在的期待损失进行赔偿,也意味着在 A 和 B 订立的合同中,A 向 B 允诺 A 将付钱给 C 会赋予 C 对抗 A 的侵权救济。在普通法中,合同相对性原则将不复存在,这和成文法非常不一样。至少到目前为止,法院拒绝走得这么远[179],而且他们在这一问题上的犹豫在 Junior Books 案的判决所获得的反对声中得到了进一步的印证。[180]

---

[177] *Hemmens v. Wilson Browne* [1995] Ch 223; *Walker v. Medlicott* [1999] 1 WLR 727.

[178] See eg *Johnson v. Shrewsbury & Birmingham Railway* (1853) 3 DM & G 358.

[179] *Balsamo v. Medici* [1984] 1 WLR 951.

[180] [1983] 1 AC 520; Treitel, *The Law of Contract* (10th edn, 1999) 562—563.

(d) 第三方损失的赔偿

我所关注的第二个问题是：与第三方损害赔偿相关的法律的发展给 Beskwick v. Beskwick 案带来什么影响。在法庭作出判决的年代，所有 20 世纪关于这个主题的重大讨论都被留在将来。在主张可以获得强制履行上，上议院大多数法官认为赔偿金的救济并不充分，因为赔偿金数额通常较小。这一观点的理由用厄普约翰(Upjohn)法官的话说是，"除了一个希望让他自己和妻子赖以生活的合同，彼得没有留下任何财产就去世了"[181]。他似乎想到了与财产所受损失相关的损害赔偿金，他指出，由于约翰的过错，他没有在遗产中留出一部分财产为鲁斯拟定一项可供选择的条款，而且拟定这种条款也不会产生任何花费。皮尔斯(Pearce)法官的观点与他人不同，他认为"如果要确定的话，赔偿金必须是大量的"[182]。而且从他这一部分的论述中也不能完全弄清相对于约定的数额，他所想到的救济手段是不是赔偿金的形式。[183] 对受允诺人是否能就允诺人允诺支付第三方的数额起诉仍然存在争论，也许只有在允诺内容是向第三方进行支付或者按照受允诺人的指示做出允诺的情况下受允诺人才能起诉。[184] 但是，假设皮尔斯法官的意见中涉及赔偿金，他认为的与第三方损失相关的赔偿金似乎是可以从遗产中重新取得的。大多数法官则只是简单地假设无法获得赔偿金，并且毫无疑问那个假设作为基本规则是正确的。这一基本规则在 Woodar v. Wimpey 案[185]中被认可，和 Beskwick v. Beskwick 案一样，允诺的内容是向第三方支付一

---

[181] [1968] AC 68,102.
[182] Ibid., 88.
[183] Cf [1994] 1 AC 85,87.
[184] See Tradigrain SA v. King Diamond Shipping SA (The Spiros C) [2000] 2 Lloyd's Rep 319,331.
[185] Woodar Investment Development Ltd v. Wimpey Construction Co Ltd [1980] 1 WLR 277：在对此条规则的评论中对其的认可是不明显的；参见[1980] 1 WLR 291。

笔钱，虽然法院判决允诺人因未非法拒绝履行合同而没有法律责任。甚至在 Beskwick v. Beskwick 案之前，也存在这一基本规则的例外情形，并且从那个案件开始，这些例外以钟摆状态依次摇摆发展。特别是在 20 世纪最后 25 年，其中一个例外有长期而且复杂的发展，在这里只能做一个粗略的描述。这一例外涉及海上货物运输合同问题。Albazero 案[186]的判决结果认为发货人可以就遭受的损失从承运人处获得赔偿，实际上，损失并不是由发货人自己承担，而是由购买货物及在因承运人违反与发货人订立的合约而导致的损失产生之前风险已经转移至他的收货人承担。同时，此例外也被 Albazero 案的判决结果所限制，即例外在收货人已经获得了对抗承运人的权利的情况下不适用。一般而言，收货人通过提单的转移获得这种权利。在 Linden Gardens 案[187]中，此例外还被延伸到建筑合同，后来在 Darlington 案[188]中它至少被切断了一个根基：当合同标的没有转移给第三方而却在相关时间内一直为其所有时，这一例外仍然适用。显然，这一延伸在 Panatown 案[189]中被上议院所支持。但是上议院大多数法官把这一例外和它的另一个根基重新结合起来，并认为在建筑合同中，第三方自己拥有对抗因承包人工作瑕疵产生损失的合同救济时，这一例外并不适用。那个案例中令人着迷的司法观念冲突也许会让我进行非常细致的讨论，但这一讨论将会和 Beswick v. Beswick 案中出现的各种问题离得太远。海上运输和建筑合同案例是由于有过失的履行从而造成第三方损失或给第三方带来损害，另一方面，Beskwick v. Beswick 案是不正当地不履行或者

---

[186] *Albacruz (Cargo Owners) v. Albazero (Owners) (The Albazero)* [1977] AC 774，认可了 *Dunlop v. Lambert* (1839) 2 Cl & F 626 中的规则，但因为上文所述原因没有应用这一规则。

[187] *Linden Gardens Trust v. Lenesta Sludge Disposals Ltd* [1994] 1 AC 85.

[188] *Darlington BC v. Wiltshier Northern Ltd* [1995] 1 WLR 68.

[189] *Alfred McAlpine Construction Ltd v. Panatown Ltd* [2001] 1 AC 518.

拒绝履行向第三方支付养老金的简单允诺。从这个方面看,它和 Woodar v. Wimpey 案[190]中的问题很相似,因为如果拒绝向第三方支付是非法的,那么就是上文说到的这种情况。对那个案例来说,我们需要知道的是按照之后法律的发展,Beskwick v. Beskwick 案中的遗产是否能补偿鲁斯所受的损失。可惜我们并没有获得太多答案,因为 Woodar v. Wimpey 案的判决认为此案中不存在非法拒绝履行合同,而且如果存在这种非法的拒绝履行,那么由此产生的损害到底是什么?这是一个"相当让人拿不准的难题"。[191]这一假定似乎说明受允诺人仅能就自身的损失获得赔偿金,因为这种假定的立场被认为是"最不令人满意的"[192],而且还需要提请上议院或立法会的重新审议。在这一批评之下隐藏的是对法律黑洞的担心———一个在 Beskwick v. Beskwick 案中因强制履行的命令而被巧妙转移的危险。的确,甚至皮尔斯法官也更偏向于这样的救济方式,这是因为"它比遗产管理人为了追回每一笔欠款而单独起诉更方便"。[193]

但是,如果我们改变 Beskwick v. Beskwick 案的事实(即约翰的允诺是不可强制执行的),那么这种避免法律黑洞的方式就不适用了。比如这是一个提供个人服务的合同,就像我之前提到的修剪草坪的例子。那个例子和格里菲思(Griffiths)法官在 Linden Gardens 案中给出的例子(丈夫与施工人员签订合同修葺妻子房子的屋顶)很相似。但有这样一个区别:在格里菲思提到的案件中,问题是因为施工人员的履行瑕疵而产生的,而在我假设的例子中,约翰则是完全地拒绝履行。建筑合同(或者是海运合同)都是瑕疵履行案例。简单的关于拒绝履行的案例似乎根本

---

[190] *Woodar Investment Development Ltd v. Wimpey Construction Co Ltd* [1980] 1 WLR 277.

[191] [1980] 1 WLR 277,284.

[192] Ibid., 291.

[193] [1994] 1 AC 85,87.

没有使格里菲思法官感到困难,可能是因为他认为施工人员在这种情况下不可能获得支付,因为在这类合同中履行是获得支付的先决条件。[194]丈夫可以用保留下来的钱聘请另一位施工人员完成这项工作,如果另一位施工人员的收费高于丈夫向之前那个工人允诺的价钱,那么丈夫可以就他本人的(而非第三方的)损失获得两者之间的差价作为赔偿金。类似的推理也可以适用于这样一种情况:根据最初合同,施工人员在还未开始工程之前就获得提前支付,但却没有完成其允诺的工作的任何一部分:施工人员应该返还提前支付的款项,然后丈夫可以像前面说的那样要求获得与差价相等的损害赔偿金。但是我对 Beskwick v. Beskwick 案假定的变化比刚才给出的两个例子中的任何一个都要复杂得多,这是因为约翰不但提前支付了(彼得的生意已经转移给他由他经营),还部分履行了他与彼得的合同:他在彼得活着的时候每周向彼得支付一笔钱款,而且对鲁斯也有过一次支付,甚至他可能会还钱给彼得的债权人。很难说这些行为所完成的部分履行占合同所要求的整个义务多少比例,而且退一步说,在这些情况中很难主张请求归还财产。[195]如果没有这一请求,除非遗产可以主张关于鲁斯损失的赔偿金,否则我们似乎就处在一种至少是部分法律黑洞的情形中。

(e) 1925 年《财产法》,第 56(1)条

我现在从 Beskwick v. Beskwick 案的普通法立场转移到从成文法的角度观察此案。这里有两个要点:第一个已经在案件中得到了非常详尽的讨论:1925 年《财产法》的第 56(1)条是否适用于此案;而且,我需要在这里说明这一点的某些方面。第二个要点是,

---

[194] *Morton v. Lamb* (1797) 7 *TR* 125; *Miles v. Wakefield MDC* [1987] AC 539,561.
[195] "约因的失败"要求必须是"彻底"的原理似乎可以得到应用,但是这一要求应该是"逐渐减弱"的,因为将剩下未履行的部分分配给允诺履行的所有部分并不困难。see Treitel, *The Law of Contract* (10th edn, 1999) 978—979.

二 关于合同相对性原则的论战

如果存在的话,1999 年《合同法(第三方权利)》能够对 Beskwick v. Beskwick 这样的案件产生怎样的影响。我会在演讲的最后一部分(讨论对合同相对性原则的立法改革时)讨论这个问题。

要在讨论 1925 年《财产法》第 56(1)条时保持听众的注意力可不是一件简单的事。但是,在讨论 Beskwick v. Beskwick 案的过程中,上议院在这一问题上投入的精力是最多的。而且我仅仅只能假设希望上议院同意上诉许可,但这一动议已被上诉法院驳回。与我们讨论相关的是,条款指出:"一个人可以……获得……某一契约或者协议中涉及土地或者其他财产的利益,即使他并没有被指名为契约或者其他协议的一方当事人。"必须把这一规定与法案对"财产"的定义结合起来解读才能包含(如果没有要求的话)诉讼中的内容。[196] 上诉法院的丹宁法官和丹克沃茨法官认为约翰支付抚养金的允诺是诉讼的重要内容,而且也符合第 56(1)条中"财产"的概念。因此,即使没有被明确指明为彼得和约翰间所订合同的当事人,鲁斯还是能够依据这一条款要求约翰履行其允诺。他们认为,第 56(1)条的措辞包含了这一清晰的规定,并且(在书面合同的案件中)推翻了 Tweddle v. Atkinson 案所确立的规则。上议院一致反对这一观点,并主张鲁斯依据第 56(1)条没有权利以其个人资格对约翰提起诉讼。只要涉及这一条款的规定,这个观点更容易获得支持。一个试图扭转 Tweddle v. Atkinson 案判决结果的合同起草人当然不会用第 56 (1)条的措辞,尤其不会使用"即使他并没有在合同中被明确指明为合同的一方当事人"这样的句子来表达"即使他并不是合同一方当事人"的意思。这一点已被 Beskwick v. Beskwick 案之前案例中建立的正统观点所印证[197],后来被 Beskwick v. Beskwick 案所证明,然后一直被沿用。[198] 根据这一观点,契约不能仅仅只

---

[196] S 205(1)(xx).
[197] eg *Stromdale and Ball Ltd v. Burden* [1952] Ch 223.
[198] eg *Amsprop Trading Ltd v. Harris Distribution Ltd* [1997] 1 WLR 1025.

让第三方得利,它还意味着与他订立了一个许可协议或合同,即使并不需要指出他的名字。

上议院的成员就 Beskwick v. Beskwick 案能否适用第 56(1)条发表了多种观点,但是他们都一致认为第 56(1)条不能简单地适用于"A 向 B 允诺 A 将付钱给 C"的情况。上议院主要是在考察了第 56(1)条的立法历史后得出这一结论的,并强调了一个十分著名的观点:这一条款意在通过某些扩展重新制定 1845 年的规定[199],但这种重新制定并不是通过废除合同相对性原则来革新法律。在 Beskwick v. Beskwick 案中,上议院未被允许引用 1925 年《财产法》立法中的会议记录。但是我们现在却可以这么做,至少在 Pepper v. Hart 案[200]中是这样的。我们在那些会议记录中发现了很多有意思的东西。在 1925 年法案通过之前,很多改革议案获得通过,然而现在的第 56(1)条却并没有出现在其中任何一个议案中。后来,这些改革议案和先前的立法合并成了我们现在所知的 1925 年《财产法》。在向上议院介绍一份改革议案时,大法院(Lord Chancellor)法官指出,如果改革议案通过,那么根本就不需要议会来对议案进行合并和整理,"之后的法案没有对这些通过的议案做出任何更改"[201]。这也就是霍尔丹法官在 Dunlop v. Selfridge 案中所指出的"在英国法中有些原则是最基本的,其中之一就是只有合同的一方当事人才能依据合同起诉"[202]。很明显,他并不认为第 56(1)条能够推翻这些基本原则。

第 56(1)条没有突出效果的观点也被它当时的接受程度所印证。在切希尔(Cheshire)的《现代不动产(1925)》(*Modern Real Property*)第 1 版中没有任何关于这一条的援引,直到 1944 年的第五版才对此条款进行了引用。同样重要的是在 1925 年

---

[199] Real Property Act 1845.
[200] [1993] AC 593.
[201] 59 HL Deb, 31 July 1924, col 125.
[202] [1915] AC 847, 853.

《财产法》的起草中起到重要作用的本杰明·切利(Benjamin Cherry)的观点:第 22 版《让与的先例(1926)》(*Prideaux Precedents in Conveyancing*)第 10 页指出,1925 年《财产法》的第 51—57 条"涉及的是财产或其他权益让与之法律事务",然后他列举了 8 个要点。但第 56(1)条并没有被包含在这八个要点中,很明显,当时的观点不认为第 56(1)条废止了普通法中的合同相对性"基本"原则。

有关合同法的书对这一条款的关注甚至更慢。切希尔和法富特(Fifoot)在《合同法(1945)》的第 1 版中对此条款没有任何提及。在书的 1956 年第 4 版中第一次提及此条款。而艾森(Anson)直到 1959 年的第 21 版《合同法》中才提及此条款,其第一版由盖斯特(A. G. Guest QC)编写。法律修订委员会在第六次内部报告(1937 年)中对其进行了引用,并把第 56(1)条作为合同相对性原则的法规例外,但是那时却并没有引起合同法学者的注意。

你也许会问:有没有关于第 56(1)条的讨论仍然与现在 1999 年《合同法(第三方权利)》有关系?答案是肯定的,并且有以下两个原因。首先,第三方依据 1999 年《合同法》可能产生的任何执行权利都可能受制于该法案的其他条款,然而依据《财产法》第 56(1)条产生的权利则没有这种限制。因此,如果第三方依据这两个法律都享有权利,那么他可能更倾向于依据《财产法》第 56(1)条[203]来避开适用 1999 年《合同法》所产生的牵制。其次,依 1999 年《合同法》[204]无法获得相关权利的人也许会寻求依赖于《财产法》第 56(1)条,因此即使是在 1999 年革新之后,这一条款的范围现在仍然是一个尚存争议的问题。这将成为我讲座结束部分涉及的话题。

---

[203] 这些权利可能会包括在由 s 7(1) of the 1999 Act 保护的权利中。
[204] 比如因为他没有满足 s 1(3) of the 1999 Act 的要求。

(f) 立法改革

Midland Silicones 案和 *Beskwick v. Beskwick* 案的结果说明，合同相对性原则并没有被丹宁法官对它发动的正面攻击所摧垮。但是在司法实践中，它也并没有赢得太多的偏爱。1982 年迪普洛克法官将它描述为一个"时代的错误，而且很多年以来被认为是英国法的耻辱"。[205] 1995 年斯泰恩(Steyn)法官说它是一条"不正当的规则"，因为这一规则"缺乏学说上的、逻辑上的或者政策上的基础"。[206] 法律修订委员会于 1937 年第一次提出了英格兰司法改革的提议，提议中并没有回应不久后出现的司法批评，但明确了英国法对第三方权利的"严格"否认。[207] 虽然委员会之后列举了五个法规上的例外和一个判例上的例外，但是这种否认决不会比委员会的公开批评更为严格。我们不能否认这一推测：古德哈特教授的委员会会员身份及其在耶鲁法学院和柯宾的联系至少是报告这一部分的来源之一。可以确定的是，柯宾在 1930 年卷的《法学季刊》[208] 上发表的关于第三方利益的文章用来当作报告的脚注对报告第 42 段的内容进行注释，并且这篇文章也是在这一主题的讨论中所引用的唯一一篇学术论文。柯宾在文章中的论证并没有被报告采纳，实际上这篇文章本可以消除立法改革的需要。改革的主要问题在于与允诺信托相关的法律十分模糊，并且偶尔会引起一些不便。我们稍加回忆就能发现报告中关于合同第三方问题的讨论不足 6 页的八开纸（相对于法律修订委员会 1996 年共计 194 页 A4 纸篇幅的报告[209]）。报告的主要建议是"如果合同中明确规定授予第三方合同利益"，那么

---

[205] *Swain v. Law Society* [1983] 1 AC 598,611.
[206] *Darlington BC v. Wiltshier Northern Ltd* [1995] 1 WLR 68,76.
[207] Sixth Interim Report, Cmd 5449 (1937), s D § 41.
[208] 参见前文。
[209] *Privity of Contract: Contracts for the Benefit of Third Parties*, Law Com No 242 (1996).

"第三方就有权利以他自己的名义执行合同"(也就是说,他并不需要和受允诺人联合起来参与诉讼)。这一权利受到两项限制:第一个限制是执行合同的权利"受制于合同任何一方的有效抗辩";第二个限制是"除非合同另有规定,在第三方明确表示或者通过行为表示接受执行合同的权利之前,合同双方可以通过相互约定从而取消第三方的这一权利"。这一建议在英格兰从未被实施过[210],立法改革也被推迟了 62 年。然而 1937 年的提议可能已经产生两方面的影响:一方面,它可能会提高改革所需要的司法关注;另一方面,它像一个刹车,使大多数法官开始考虑由议会动议对法律这一分支进行根本性的改革,而不仅仅只停留在司法活动的范畴。这就是西蒙兹法官在 *Midland Silicones* 案中所发表的观点:"法律是在将旧的原则适用于新的情形时得到发展的。那里蕴含着它的天赋。它是靠议会而不是靠法院废除那些原则来获得发展的。"[211] 瑞德法官并没有这么坦白,但是他也站在同一立场:"虽然我也许会后悔,但是我发现否定基本原则(当第三人与合同的任何一方产生问题时,第三人不能利用合同条款,即使是某些条款非常明确地规定给予第三人利益)的存在是不可能的。"[212] 并且他的结论是:"我必须依据已经存在的英国法原则来判决这个案件。"[213] 到 *Beskwick v. Beskwick* 案时,瑞德法官的耐心实际上也变得越来越少。在提到法律修订委员会 1937 年的报告时他指出:"如果一个人开始担忧议会在这个问题上会有更长时间的耽搁,那么议院也许会发现现在应该由它来处理这个问题了。"[214] 这番话是在 1967 年 6 月说的,就在上议院声明其有权推翻自己的判决后不久。[215]"议会的推迟"又持续了 32 年,在

---

[210] See Beatson, [1992] CLP 1.
[211] [1962] AC 446,468.
[212] Ibid., 473.
[213] Ibid., 479.
[214] [1968] AC 58,72.
[215] Practice Statement (Judicial Precedent) [1966] 1 WLR 1234.

这期间,瑞德法官关于司法干涉的威胁或者预言常常被上议院其他成员提及。[216] 不寻常的是,1937 年报告的主要部分却没有这样的威胁或预言,报告主要部分的一半篇幅都专门用来讨论对约因原则的改革(不足四分之一的篇幅用来讨论合同相对性原则)。我的观点同法律委员会一致,这个问题的复杂性决定了将这个问题作为立法问题比作为司法问题来解决更加合适。通过考察其他普通法体系,我可以更好地阐述这一观点,尤其是美国认可第三方受益人权利的普通法制度。关于第三方受益人的司法发展已经到了极端复杂的程度。下面我将论述几个使其复杂的原因。

第一,谁有资格成为第三方受益人。最极端的法院判决是美国的 *Freer v. Putnam Funeral Home* (1937)案[217]。在这个涉及医患关系的案件中,医生允诺在某些情况下(最后事实上发生了约定中的事项)支付患者的葬礼费用。合同达成的两天后病人去世。虽然存在美国关于第三方受益人的法律规定,但殡仪事务承办人有权执行合同的说法听起来仍然让人觉得有些极端,但是它确实体现了司法实践主义在这个问题上已经脱离了立法的控制。

第二,第三方权利的取得可以在多大程度范围内限制合同双方通过协商解除或者变更合同的权利。假设在 *Beskwick v. Beskwick* 案中,彼得去世之前其先前的煤炭生意因为非约翰过错的原因而变差,而且他们约定在这种情况下,约翰和鲁斯每周从约翰那里获得的支付额都将减少。在判例法体系中,他们能不能这么做?

第三,合同双方对于第三方抗辩的程度也是一个问题。假设在 *Beskwick v. Beskwick* 案中,运煤的卡车在生意交付给约翰之后的第一天就发生故障,而这种情况意味着彼得的毁约性违约。

---

[216] eg in *Woodar Investment Development Ltd v. Wimpey Construction UK Ltd* [1980] 1 WLR 277, 291, 297—298, 300; *Swain v. Law Society* [1983] AC 598, 611; 对比斯泰恩(Steyn)法官在 *Darlington case* [1995] 1 WLR 68, 76 中的观点。

[217] 111 SW 2d 463 (1937).

依据普通法中的第三方受益人原则,法院是否会在没有1999年《合同法》第三部分立法指导的情况下依据这一原则允许约翰根据这一违约行为来对抗鲁斯之后依据其个人资格提出的诉讼?

第四,我们还必须看看允诺的效力,效力并不局限于允诺人、受允诺人和第三方,还应在更大的范围内考察。在一些已判决的案件中,问题的实质往往并不存在于第三方与允诺人之间,而是存在于第三方与受允诺人的债权人之间或者是第三人与受允诺人的财产之间,例如 Re Schebsman 案[218]。而 Beskwick v. Beskwick 案中的合同似乎实质上处置了彼得所有的财产。因此,也会产生关于对受允诺人的债权人进行保护的问题。律师也想到了这点,在合同中规定约翰向彼得的一些债权人偿还债务,但是如果合同没有这样约定,那么真正的争夺就不是发生在鲁斯和约翰之间而是在鲁斯和那些债权人之间了。或者我们假设,依据约定,养老金并不是付给鲁斯,而是支付给其他与彼得有秘密关系的女士。那么这个和彼得有秘密关系的女士能否获得和鲁斯一样多的司法同情呢?尤其是对她主张的执行将建立在牺牲鲁斯利益代价的基础上。给予另外一位女士遗嘱中授予的利益是否会公开挑战保护受扶养者的相关法律呢?

所有这些难题在美国形成了数量庞大的案例法。在柯宾的书里,案例占据350页的篇幅[219],而这些潜在的诉讼成本也应该是巨大的。这就是现在为什么我更倾向于有规则的解决办法,例如1999年《合同法(第三方权利)》。我知道在法律的某些分支领域,法院更喜欢用个案的分析方法或者说是用逐步推进的方法来分析案件,但就这个问题,一个法定的方案既增加透明度又降低了成本。我知道,学者们在1999年《合同法》领域已经创造了相当数量的文献(对其中的一部分我也要承担责任)。但是迄今为止,那些

---

[218] [1944] Ch 83.
[219] *Corbin on Contracts* (1951), chs 41—44.

文献都是学术上的推论。甚至在那个水平上,它与美国法学术讨论及学术推论所依赖的大量原始材料相比仍然显得相形见绌。

到目前为止,我已经明确表达了我对通过立法来解决问题的偏爱,而不是偏爱所谓的已经发展成熟的关于第三方受益人的判例原则。而当我们考察普通法体系(在这一体系中,该原则被认为是在司法判决中产生的且有待发展的)时,这一偏爱会更加强烈。这些体系中存在的不确定性使人迷惑。从澳大利亚 *Trident Insurance* 案中归纳和提取判决理由几乎是不可能的。[220] 或者说加拿大法院把 *London Drugs* 案[221](并且现在延伸到 *Fraser River* 案[222])中合同相对性原则的例外发展到多远的程度也是不可能的。我偏爱现在英格兰所采用的立法解决方式,这种方法可以避免高度的不确定性。当然也不能过分夸大其优点,很多法律解释问题仍然存在。但是法案朝着法律委员会最初的改革方案的目标,即"明确性和可实现性"[223]迈出了意义重大的一步。

全面论述最终给法律的这一分支带来立法改革的 1999 年《合同法(第三方权利)》将花费太多的时间。但是我想思考这一问题,即该法案是如何影响在我谈论 20 世纪合同法主要发展时所涉及的两个案例——*Midland Silicones* 案和 *Beskwick v. Beskwick* 案——的结果。

即将被重提的 *Midland Silicones* 案产生了两个问题:搬运工人是否有资格从货物所有人和承运人订立的合同中获益,以及货物所有人是否受制于搬运工人和承运人订立的合同。第二个问题完全没有受到 1999 年法案的影响。法案授予非合同方权利,但是它并不能通过其他人的合同条款来约束非合同方。[224]顶多,

---

[220] *Trident Insurance Co Ltd v. McNiece Bros Pty Ltd* (1988) 165 CLR 107.
[221] *London Drugs Ltd v. Kuehne & Nagel International Ltd* [1992] 3 SCR 299.
[222] *Fraser River Pile and Dredge Ltd v. Can-Drive Services Ltd* [2000] 1 Lloyd's Rep 199.
[223] First Programme of the Law Commission (1965) Part I.
[224] Law Commission's Report on *Privity of Contract: Contracts for the Benefit of Third Parties*, Law Com No 242 (1996) §§10.32, 7.6.

如果他们寻求执行这类合同的某一条款时,他们可能发现他们因这一条款产生的权利受制于该合同的其他条款。[225]然而这并不是 Midland Silicones 案中的情形:货物所有人并没有试图执行合同条款来对抗搬运工人。因此,我们回到第一个问题和它的答案,相当清楚的是,它也没有受到1999年法案的影响。根据第1(1)条的规定,第三方执行合同条款的权利只能在满足下列情形的条件下产生:"(a)合同明确表明他可以;或者(b)合同条款意图给予其利益";而且在第1(3)条中还有进一步的要求:"第三方的名称必须在合同中明示地确定,或确定其为某一群体的一员,或表述出其为特定的种类。"上述任何一个条件在 Midland Silicones 案中都没有被满足,因为合同并没有提到搬运工人而是把义务局限于承运人。根据 Midland Silicones 案的事实,我们可以发现我们和美国联邦最高法院在 Robert C Herd 案(1959)[226]中所处的位置完全一样:我们现在有(有限制的)第三方受益人原则,但是搬运工人并不是合同的受益人。然而结论是,实际条款并不那么重要,因为现在提单中一般都包含喜马拉雅条款,并且法案规定了合同条款"免除或者限制责任"的情形。并且法案规定,在合同条款"免除或者限制责任"的情形中,法案中关于第三方执行条款的说明被解释为第三人使自己获得免责或限制条款的利益[227]。因此,如果现在提单包含喜马拉雅条款,那么搬运工人依据法案可以适用提单中对他们有利的限制条款。但是,他们可以这么做的原因是因为一个与普通法中隐含于喜马拉雅条款的可执行性不同的理论。普通法理论认为合同条款与合同双方的行为一起构成了搬运工人和货物所有人的直接合同关系。1999年《合同法》的理论是,并非合同当事人的搬运工人获得了第三方受益人"执行"合同的权利。根据法案,第三方的权利受

---

[225] 1999 Act, ss 1(4) and 3; cf Law Com No 242 §10.24.
[226] 359 US 297 (1959).
[227] S 1(6).

到法案其他条款的制约（正如第1(1)条规定的），但是根据喜马拉雅条款而获得的普通法权利却不受这个限制。而且基于某些原因，如果第三方倾向于依赖法案之外的权利或者抗辩，第7(1)条也允许他这么做。因为这个原因，放弃之前对喜马拉雅条款的认知而全然依赖于法案中对第三方的保护条款也许并不是件可靠的事。

至于 *Beskwick v. Beskwick* 案，法律委员会1999年法案通过的报告指出，依据法案，鲁斯"应该享有执行合同的权利"[228]，但是我对此并不十分确定。彼得和约翰的合同并没有明确规定鲁斯有权利执行合同的任何条款，因此并没有满足第1(1)(a)条的要求。但是毫无疑问，约翰每周必须支付她5英镑的条款赋予了她利益，因此从表面上看，第1(1)(b)条得到了满足，但是却不满足第1(2)条中"如果基于对合同的正确解释，合同主体没有将合同条款扩展适用于第三方的意图"的规定。因此问题在于，彼得和约翰是否"不希望合同的条款被鲁斯执行"，而且依据外在证据可以作为合同解释的补充的规定，很明显关于彼得和约翰的意图的证据是可以被采纳的，因为条款明确地提到了他们的意图。当然，我们并不知道他们意图的内容，与这个问题相关的事实并没有建立起来，因为依据当时的法律，那些事实是不相关的事实。于是我们回到了最初的问题：在彼得和约翰订立合同时他们到底在律师的办公室里说了些什么？如果他们意图使鲁斯有执行合同的权利，律师可以很轻易地起草一个赋予她权利条款的合同。为什么他不这样做？是因为他没有足够的时间去思考相关的法律，或者他只是遵照彼得和约翰的指示？我需要把这些问题留在这里，因为用提出问题来结束讨论似乎总是好过用回答问题来结束讨论。

---

[228] Law Commission's Report on *Privity of Contract: Contracts for the Benefit of Third Parties*, Law Com No 242 (1996) §7.46.

合同条款的种类

1　条件条款和担保条款　111
2　中间条款　116
3　1979年《货物买卖法》,第15A条　124
4　中间条款和担保条款　126
5　保险担保条款　129
6　基本条款　131

我将从一个毫无疑问具有煽动性的论断开始这部分的演讲: 20世纪以合同条款的二分法开始,而以合同条款的四分法结束。

1 条件条款和担保条款

合同条款的二分法及相关术语肇始于1893年《货物买卖法》。这种合同条款的分类方法及相关法律术语被保留在1979年新修订的《货物买卖法》中。法案区分了"条件条款"和"担保条款",其目的在于告诉我们买方是否有权拒绝接受已经交付的品质不良的产品,具体地说就是拒绝接受对方的交付,或者是在货物已被交付的情况下退货并(在上面两种情况下)拒绝付款,或者是在已经付款的情况下要求退货及退款。这些救济方式都属于不履行合同而非继续履行合同。类似的救济手段还有拒绝接受对方的履行,拒绝履行和请求返还原物。这些救济方式不仅存在于货物买卖合同,也存在于其他种类的合同,故可以将这些救济方式归类为因违约而解除合同。"解除"这一用法虽然受到司法评论的诟病[1],但仍被诸多法官意见所采用,即使是那些持批评态度的人[2]。只要我们记住这些,就不会产生什么危害。

---

[1] eg *Photo Production Ltd v. Securicor Transport Ltd* [1980] AC 827, 844 (per Lord Wilberforce).

[2] eg *Gill & Duffus SA v. Berger Co Inc* [1984] AC 382, 390, 393 (per Lord Diplock).

就像迪普洛克法官曾经劝说我们的那样[3]:"解除"合同并没有剥夺受害人因对方违约而要求获得赔偿金的权利。我更同意德夫林法官的观点:"拒绝接收交付货物的权利只是解除合同权利的一种特别形式。"[4]这一讨论的法学背景是:作为一项基本原则,被害方只有在其能证明违约行为给其带来严重的损失时才能解除合同。[5]然而此原则受制于诸多例外情形[6],当违反的条款是合同的"条件"条款时,就是例外情形之一。

《货物买卖法》将"担保"条款定义为关于货物买卖的间接指向合同主要目的的共同约定。对"担保"条款的违约将会使受害方获得索取赔偿金而非拒收货物的权利。[7]该法案虽然并没有对"条件"条款进行定义,但却清楚地指出[8],作为合同的主要条款,对"条件"条款的违反将使受害方获得拒收货物的权利(即拒绝接受货物和拒绝付款)。《货物买卖法》对担保条款和条件条款的区别仅适用于卖方的违约行为,而不适用于买方的违约行为,虽然它曾经被法院的判决在买方违约的情况下采用过。[9]法案指出,对货款支付时间的约定只是合同的表面内容而非合同的本质内容[10],这使其从某种程度上说类似于"担保"条款。但这一表象却在"未获买方付款情况下卖方的转售权"中似乎又不可信(正如法案所定义的)[11],这一行为被认为是"解除"合同。[12]即使在卖违约案件中,法案也相对较少地使用"担保"条款概

---

[3]　*Photo Production Ltd v. Securicor Transport Ltd* [1980] AC 851.

[4]　*Kwei Tek Chao v. British Traders Ltd* [1954] QB 459,480.

[5]　此原则经常被追溯到曼斯菲尔德法官对 *Boone v. Eyre* (1777) 1 By H1 273 n, 2 W B1 312 案的判决;参见 Treitel, *The Law of Contract* (10th edn, 1999) 713—721.

[6]　See Treitel, *The Law of Contract* (10th edn, 1999) 721—751.

[7]　S 61 (1).

[8]　S 11 (3) and (4).

[9]　eg *Bunge Corp of New York v. Tradax Export SA* [1981] 1 WLR 711.

[10]　S 10 (1).

[11]　Ss 39 (1)(c), 47,48.

[12]　S 48 (4).

念,所有与货物产品说明[13]、质量[14]、样品说明[15]相关的法定默示条款[16]以及与货物所有权相关的主要默示条款都是"条件"条款,只有关于财产自然属于其所有人或出售人的默示条款和不受干扰的占有权的默示条款才被认定为"担保"条款。[17]《货物买卖法》中的"条件"条款的概念并未被局限于货物买卖合同的范畴,它基本上适用于所有的合同,例如合同双方约定的泊船位置[18]和航行时间[19]具有合同"条件"条款的效力(虽然在19世纪这些约定常被混淆为"担保"条款)。[20]

现在我们需要探讨的是:为什么受害人愿意寻求我所称的"解除合同"这种救济方式来回应他人的违约行为。原因之一在于,可能这是一种比较方便的救济方式,即避免诉诸法庭的合理的拒绝履行。原因之二在于,这是最恰当的一种救济方式。以使用为目的而购买货物的买方也许会发现,由于货物质量不符合要求,所购货物无法实现其购买目的(或者是没有达到其预期的使用效果),在这种情况下,解除合同会产生比较好的实际效果。而原因之三则在于,笔者以"解除"合同的名义所归纳的救济手段的目的和效果就是"不履行"合同。这点对受害方而言非常有诱惑力,特别是当他放弃履行合同的原因与对方的违约行为无任何关系的时候,这将在后文进行讨论。只要"条件"的概念建立在"条件"是与合同主要目的相关的中心条款的观念上(颠倒了《货物买卖法》中"担保"的概念),我们就可以合理地认为:对"条件"条款的违约将会给受害方带来严重的损失,因而受害方有权

---

[13] S 13(1) and (1A).
[14] S 14(2), (3), and (6).
[15] S 15(2) and (3).
[16] S 12(1) and (5A).
[17] S12(2), (4),(5) and (5A).
[18] Behn v. Burness (1863) 3 B & S 751.
[19] Glaholm v. Hays (1841) 2 M & G 257, cf Bentsen v. Taylor [1893] 2 QB 274.
[20] Behn v. Burness (1863) 3 B & S 755.

主张解除合同。毫无疑问,从法律发展历史的角度来看,此观念是这一概念的基础之一[21],并且仍然出现在迪普洛克法官在 Hong Kong Fir 案中对"条件"条款的定义中。他指出:"条件条款是一种可预期的许诺,违反这一条款将会实质上剥夺无过错方依据合同可享受的所有利益。"[22]但这并不是"条件"这一概念发展的路径。罗斯基尔法官认为:把某一条款归为"条件"条款的分类被应用到很多合同条款中,但对这些被归类为"条件"条款的违反却并不会剥夺无过错方所期待的从合同中获取的所有利益。[23]这一发展的原因在于"条件"的概念是固定不变的:一旦某类条款——比方说货物与合同说明的一致性——被界定为法律上的或判例上的"条件"条款[24],那么在之后的案例中,任何对此类条款的违反都会被认定为可以解除合同,即使在特定的案例中这种违约行为并没有对受害方产生严重的(或任何的)侵害。

这种可能性会导致问题的产生。合同的一方——买方或卖方,服务的接受方或提供方——因为某个对其有利的商业原因而意图解除合同,但是这种商业原因并不能赋予其正当的法律权利以解除合同。于是他会寻找其他解除合同的可能性,可能是对方履行行为中非常细微的或是商业上并不重要的瑕疵,以此作为要求解除合同的理由。比较有名的案例是 Re Moore and Landauer 案[25]。合同的标的是一种澳大利亚水果罐头。买方想拒绝接收这批罐头,原因是这批货物到达英格兰的时间与合同规定的时间相比有较大的延误。但这不是卖方应负责的问题,所以不能成为买方拒绝接收货物的依据。然而根据合同的约定,罐头应每 30

---

[21] Glaholm v. Hays (1841) 2 M & G 266 (对此条款的履行成为合同的"根基")。

[22] Hong Kong Fir Shipping Co Ltd v. Kawasaki Kisen Kaisha Ltd [1962] 2 QB 26, 69.

[23] Bunge Corp of New York v. Tradax Export SA [1981] 1 WLR 711,724.

[24] Sale of Goods Act 1979, s13;这一条款在司法实践中被划分为条件条款,参看上文。

[25] [1921] 2 KB 519.

听装成一箱,但这批罐头中有很大一部分是每 24 听装成一箱。买方以此作为拒收罐头的依据,因为卖方的打包方式被认定为违反了"货物应与合同说明保持一致"的默示条件条款。没有任何证据证明卖方的这种打包方式侵害了买方的利益,法院仅能假定这种行为也许会侵害买方的利益。[26] 另一种较普遍的情形是:一方因市场情况的恶化而解除合同。如果出现这种情况,一方就会试图寻找对方一些微小的违反合同条款的行为,并且此条款又可以被归为合同的"条件"条款,这样一来,合同一方就有足够理由摆脱已经对他不利的交易。这一点在 Arcos Ltd v. Ronaasen 案[27] 中得到了较好的论证。俄罗斯一政府机构作为木料买方拒绝受领货物及支付货款。毫无疑问,他们拒收的真正原因是木料市场价格的下滑,虽然他们声称拒绝受领的理由是因为木料并未按合同的要求在夏季装运。这一理由被法院驳回后,他们(为自己)找到一个幸运的发现:木料的口径是 9/16 英尺,而合同上要求的却是 1/2 英尺。这一差异被认为违反了"产品与合同说明应保持一致"的默示条件条款。因此,买方拒绝受领木材的行为被法院认可,即使木材多出的宽度完全不影响其使用用途。上诉法院的斯克鲁顿法官对买方的这一行为给予了辛辣的评论:"我开始一直想反对买方这一非常不合理的行为,而事实是我发现这些代理商所代表的俄罗斯政府通过对最基本商业原则的漠视而解除了合同。于是,我马上抹去了脑海中关于我所看到的或了解到的其中一方所受到的损害。"[28]

不幸的是,虽然斯克鲁顿法官对此种行为给予了批评,但这种行为在已经报道的案件中十分寻常。一般的情况是双方为合同的履行设定一个时间表:例如 4 月份订立的合同要求货物于 10 月份装运,然而货物却在 9 月 30 日或 11 月 1 日装运。在英

---

[26] Ibid., 525.
[27] [1933] AC 470.
[28] (1932) 37 Com Cas 291, 295.

格兰,没有比下面提到的观点更根深蒂固的了:在普通法中,有关货物装运时间的约定被认定为合同中货物说明的一部分,卖方因此违反了"与货物说明应保持一致"的默示条件条款,买方可以由此拒绝受领货物[29],即使事实上提前或者推迟装船并没有改变货物的价值也没有侵害买方的利益,而买方拒绝的原因实质上是因为合同标的物的市场价格从4月到10月期间发生了变化。相反,如果买方违反了合同约定的时间表,卖方也有权利解除合同(例如拒绝向买方交付货物),比如在买方需要制订装船计划并且通知船只适航性却没有履行这些义务的情况下,卖方有权解除合同。[30]如果延迟履行并不侵害卖方利益的话,实际上与上文提及的卖方违约情形并没有什么区别,在这种情况下,卖方意图解除合同的原因实际上在于货物市场价格的提高。

这种法律现状导致了一些不公平的状况。在 *Reardon Smith v. Hansen Tangen* 案中,威伯福斯法官指出有关货物买卖的案件(例如 *Re Moore and Landauer* 案)"过于技术化了,上议院需要重新检验"[31]。虽然他在批评的言论中排除了无法确定的期货(例如商品期货)的买卖,对其而言,对货物细节的说明应被认为是至关重要的。[32]到目前为止,重新检验的工作还没有开始,也许是因为法院已经找到了其他的方法从而至少可以减少过度的技术化。

2 中间条款

为这一目的而使用的工具可以被称为发明,更确切一些来说

---

[29] *Bowes v. Shand* (1877) 2 App Cas 455.
[30] *Bunge Corp of New York v. Tradax Export SA* [1981] 1 WLR 711,724.
[31] [1976] 1 WLR 989,998.
[32] Id. 他很有可能已经考虑了 *Arcos Ltd v. Ronaasen* 案,在此案的判决中他可能没有参考在文中所引用的文字。

应该是一个重新发现,即我们所说的第三类合同条款,也就是现在所说的"无名条款"(因为它没有名字)或"中间条款"(因为它处于合同的"条件"条款和"担保"条款之间)。这一发明或重新发现的荣誉属于为 Hong Kong Fir 案[33]作出判决的迪普洛克法官,判决中的主张和论断在上个世纪为英国合同法的发展作出了巨大的贡献。它的重要性并没有被立即认可,但20年后,威伯福斯法官将其描述为"一个具有发展性而变得经典的判决"[34],并产生了巨大的影响。

(a) Hong Kong Fir 案

让我们从 Hong Kong Fir 案的事实开始。这艘船(原先叫 Antrim,后来更名为 Hong Kong Fir)于1956年12月被出租,租期为24个月。那时,一系列危机导致苏伊士运河的运费非常昂贵。有两种付款标准:租船人要么就按47先令每吨,每30天最大限载9131吨的标准付款,要么就按24个月1550万英镑的标准付款。船于1957年2月被交付(即根据租船合同可以交由租船人使用),然而当时船况欠佳,需要修理。修理船只共耗费20周的时间,其间船只并未投入使用,因此,租船人可以减免300万英镑的费用。对船的整修直到1957年9月才完成,这一时间比最初合同规定的船只投入使用日期(1957年2月)晚了7个月。而此时苏伊士运河重新开航,运费大大降低:1957年6月降至24先令每吨,到8月中旬只需13.6先令每吨,此时的运费在双方之前约定运费价格的1/4到1/3之间。租船人在6月和9月两次试图解除合同,并且试图依据以下两个理由来证明其解除合同要求的合法性。

第一个理由是修理船只的进度缓慢致使其签订租船合同的

---

[33] [1962] 2 QB 26.
[34] *Bunge Corp of New York v. Tradax Export SA* [1981] 1 WLR 711,714,715.

目的无法实现。实际上我们并不知道租船人所指的目的到底是什么,也不知道租船人究竟是想自己使用这艘船(如果是的话,其目的是什么)还是想将船转租他人。如果是后一种情况,租船合同只是租船人借以进行运费投机的手段,运费下跌是投机行为的正常损失。当然,他们并没有说明为了使船适航而产生的延迟给他们带来的损失,相反有人还可以辩称因为租金的扣减,20 周的迟延反而带给租船人 300 万的利益。虽然租船人认为对方的违约行为使其缔结合同的目的落空,但法院否决了这一理由。并且判决也没有明确说明法院为何驳回这一观点。是不是因为 20 周的时间只是 24 个月当中很短的一部分?或是因为维修之后船将不存在适航性问题?或是因为法院假定船只的不适航性只是租船人摆脱合同的托词而其他因素(如运费的下跌)才使租船合同对租船人不利?我们无从得知。上诉法院没有对拒绝采用"此种违约行为使缔结合同的目的落空"的理由给出解释。他们只是同意一审法官塞尔蒙的观点。塞尔蒙法官对这一问题的看法是:"到最后,问题的着眼点在于,将已经发生的延迟和故障对照租船合同中规定的租期和其他条款,以决定履行合同义务所要求的环境是否与实际履行合同时所处的环境相差甚远。"对最后这一问题的答案只有几个字:"我的结论是:不是。"[35]他没有对此作出解释,所以我们不得不自行推测。对此,我(在本段中)作出了三个猜测,但并不排除其他的可能性。当然,我们可以很好地避免这种类型的问题,并且"条件"条款的概念(在现在的语义中看)已经在逐渐演化。一旦某一条款被认定为"条件"条款,你并不需要去问类似于塞尔蒙法官在 *Hong Kong Fir* 案中给他自己设定的问题,于是,你也可以避免在寻求答案时所产生的不确定性。

租船人提出的第二个试图摆脱塞尔蒙法官给他自己设置的问题的理由是:要求船东提供适航的船应被认定为合同的"条

---

[35] [1962] 2 QB 26,40.

件"条款,任何对此条款的违反都应被认定为解除合同的依据。根据这一基础,他们声称其有权利主张解除合同,并且不需证明船只的不适航会使缔结合同的目的落空或者使船东的实际履行方式(用塞尔蒙法官的话来说)与其之前所保证的履行方式完全不同。但是,上诉法院仍然驳回了这一观点,而且认为船的适航性并不能作为合同的"条件"条款,因为适航性很容易被极小的因素所破坏(比方说船只没有提供医药柜也被看作不具备适航性)。由于这样一个微小的违约行为而解除整个合同是不恰当的救济方式。它对于违约方来说过分严厉[36],并且对于受害方而言也没有给予必要的保护。[37]从另一方面来讲,这一条款也不是"担保"条款,至少依据《货物买卖法》,违反"担保"条款唯一的救济方式是损害赔偿金。迪普洛克法官曾经说过一段著名的话:"有很多合同许诺不能够被归类为'条件'条款或者'担保'条款。在这些许诺中,可以预见有些违约行为会实质上剥夺无过错一方在订立合同时所期待的所有利益,而有些则不会。"[38]这些就是我们现在所知的"中间条款"或"无名条款"。[39]它们不同于"条件"条款的地方在于,只有在违约行为产生了严重后果或使双方缔结合同的目的落空时,或履约行为与合同的约定之间有本质上的差异时,才能认定违约行为将导致合同的解除。它们与"担保"条款的区别则更难解释一些,但是可以很有把握地说,对于中间条款而言,对中间条款的违约不会像对"担保"条款的违约那样具有表面性[40],即违反担保的救济方式只有损害赔偿金,而不能解除合同。

迪普洛克法官对 *Hong Kong Fir* 案的判决产生了巨大的影

---

〔36〕 根据上文给出的数据,如果船东在 1957 年制订一份替代合同的话,解除合同将会使船东损失 890 万英镑。
〔37〕 没有任何证据证明船的不适航性将会给租船人带来任何损失。
〔38〕 [1962] 2 QB 26,70.
〔39〕 *Bunge Corp of New York v. Tradax Export SA* [1981] 1 WLR 711,714.
〔40〕 参考 Sale of Goods Act 1979, s61(1)中给出的定义。

响,我不会试图从任何方面降低此判决的影响度或者降低其对相关法律制度的积极影响。但是,我也不能掩盖判决导致了一个难题的事实。这一难题产生自迪普洛克法官在案例中将"条件"定义为:"一种可预期的许诺,违反这一条款将会剥夺无过错方依据合同约定应得的全部利益。"[41]这一定义就是他认为"条件和担保"的区别没有被详尽论述的原因。但是我们已经发现这一定义并不完全正确[42],而且实际上迪普洛克法官自己在 Photo Production 案[43]中也不再持有这一观点。他在此案中考察了一些案例,在这些案例中,一方的违约行为将产生"剥夺无过错方依据合同约定应得的全部利益的效力"[44]。这一措辞和他在 Hong Kong Fir 案中描述违反"条件"条款时几乎是一致的。但是在 Photo Production 案中,他把这种违约描述为"根本违约"而且把它与对"条件"条款的违约进行对比。依据他的观点,对"条件"条款的违约产生于"合同双方约定的如果任何一方未履行主要的义务,无论该义务是在合同中明示的还是法律默示的,无论后果的严重性是否来自违约行为,另一方都有权利终止双方约定的所有主要义务"[45]。这里,"条件"的定义(如果可以这样说)似乎是要把"医药箱"的例子摒除在外:存在这样一种条款,违反它的后果无论是严重的还是微不足道的,此条款仍然是条件条款。这一点在1979年《货物买卖法》中有更清晰的表述。依据1994年修订案,对商品质量满意的默示条款包括货物不存在微小瑕疵的保证,而这一默示条款就是"条件"条款。[46]在商业环境中,合同

---

[41] *Hong Kong Fir Shipping Co Ltd v. Kawasaki Kisen Kaisha Ltd* [1962] 2 QB 26,69.

[42] *Bunge Corp of New York v. Tradax Export SA* [1981] 1 WLR 711,724.

[43] *Photo Production Ltd v. Securicor Transport Ltd* [1930] AC 827, 847 referring to the *Hong Kong Fir* case.

[44] [1980] AC 827,849.

[45] Id.

[46] S14 (2B)(c). s14(2B)中的"质量"可以追溯到s14(2),因此文中所指的默示条款根据s14(6)实际上是"条件"条款。

中有关时间的规定也属于这一类条款。[47]

Hong Kong Fir 案中关于合同条款体系性的论断并不准确，我们不能认为合同条款如迪普洛克法官所说的那样被分为三类：

（a）条件条款，对其的违反都会产生严重的侵害后果；

（b）中间条款，对其的违反有些会产生严重的侵害后果；以及

（c）担保条款，对其的违反不会产生严重的侵害后果。

我们不能说"条件"条款包含"中间"条款的原因在于，虽然有些违反"条件"条款的行为确实造成了严重的侵害结果，但还有一些违反条件条款的行为虽然没有引起严重的侵害结果或者没有任何侵害结果，却也可以因此而解除合同。所以迪普洛克法官判决中的结构需要依照之后关于"条件"条款的定义（包括他自己的）来进行重新检验。但是，理论上的问题并没有以任何方式影响中间条款概念的实际效用。

（b）发展和政策

可以毫不夸张地说，中间条款的概念受到了狂热的追捧。1975 年合同法领域出现了一个重要的发展，上诉法院在 *Hansa Nord* 案中主张中间条款的概念适用于货物买卖合同，尽管当时《货物买卖法》的内容和结构并没有认可中间条款。在 *Hansa Nord* 案[48]中，法院引用中间条款的意图十分强烈：买方想要通过拒绝受领货物保留其 6.6 万英镑，但因卖方违约行为而产生的实际损失最多只有 2.1 万英镑。很明显，上诉法院认为买方的这一行为十分不堪，且买方无权拒绝受领货物。罗斯基尔法官说："合同的制定是用来被履行的，而不是被用来防范变化无常的市

---

[47] 参见后文。
[48] *Cehave NV v. Bremer Handelsgesellschaft mbH（The Hansa Nord）*［1976］QB 44.

场波动。"[49] 根据相同的基本政策,我们可以得知:法院在第一印象上应该偏向于[50]将之前未被分类的条款归类为"中间条款"。这也是斯林(Slynn)法官在 *Tradax v. Goldschmidt* 案[51]中的观点,此案中,大麦买卖合同允许大麦中存在"最高4%的杂质",但检验报告认为大麦中的杂质含量达到4.1%。法院认为这并不是对合同"条件"条款的违反而是违反了合同的中间条款,而且违约行为并没有严重到赋予买方拒绝受领货物的权利。可以不夸张地说,这类案例通过阻止拒绝受领货物权利的滥用而推动了司法的进步。

但仍然有两个与之相抵触的政策更偏向于将这些条款划分为"条件"条款。第一个政策和私人消费者有关。与绝大部分大型商业采购者相比,货物中即使是很微小的瑕疵也会给私人消费者带来不利的影响。这似乎是前文已经提到的《货物买卖法》背后隐藏的有关微小瑕疵的政策。[52] 第二个政策适用于商业领域,法院一直强调在此领域提高合同的确定性。这一政策再一次偏向将此类条款归类为"条件"条款,即一旦某一条款被如此归类,那么在以后的案例中,违约行为的受害方一旦意识到对方发生违约行为就能知道:他可以不用证明违约行为的严重性而安全地解除合同。

这一点在这类案件中得到很好的说明,即上文已经提到的货物装船时间不在合同约定的装船期间内。依据英国普通法[53],只要装船时间是合同约定期间外的一天或者(我甚至敢说)一个小时,买方都有权拒绝受领货物。这一规则现在可以被解释为

---

[49] [1976] QB 44,71.

[50] eg Tradax International SA v. Goldschmidt [1977] 2 Lloyd's Rep 604,612; cf Torvald Klaveness A/S v. Arni Maritime Corp (The Gregos) [1994] 1 WLR 1465,1475.

[51] Id.

[52] S 14(2B)(c).

[53] Bowes v. Shand (1877) 2 App Cas 455. 在美国存在另外一种观点,参见 National Importing & Trading Co, Inc v. EA Bear & Co 155 NE 343 (1927),在此案中 Bowes v. Shand 案被引用了,但法院的大多数法官却并没有采纳此案的判决结果。

"条件"条款法定分类的应用:明确装船时间的合同条款被认为是货物说明的一部分。根据1979年《货物买卖法》第13条,在合同条款约定期间之外的装运行为是对合同"条件"条款的违约行为。但是,相同的政策考虑还可以适用于并未被这一法定分类所包含的有关时间的条款:例如买方没有履行这一条款。这就是 Bunge Corp v. Tradax Export[54] 案的重大意义所在。此案中,货物交付过程是一个合作型计划:卖方选择港口,买方提供船只,然后货物将在特定的期间内由卖方按照约定的进度装载。买方需要提前15日向卖方通知船只准备就绪。后来,买方的通知比合同约定的期限晚了5天到达卖方,从而合同中规定"通知时间"的条款被卖方主张为合同的"条件"条款,因而卖方有权解除合同。这一观点提高了合同的确定性:卖方可以在收到通知当下就判断他是否需要发货给买方,且卖方不需考虑如果通知延迟到达他将会遭受多大损失。

有大量案例涉及关于履行时间的合同条款应该被归类为条件条款还是中间条款的问题。这个问题比较复杂,并且细节问题已经远远超过了这次讲座的范围。有些案例强调了买卖双方义务的独立性,这也是 Bunge v. Tradax 案[55] 的典型特征;其他一些案件并没有把这一因素作为最重要的因素。[56] 有些案件将履行时间条款归类为合同的"条件"条款,即使这些条款并没有重要的商业意义[57],而有些案例则把这些规定归类为无名条款。[58] 有些案件把它作为"条件"条款,即使这一条款并没有明确规定具体的履行时间,而仅仅只是在合同中规定某一行为"需

---

[54] Bunge Corp of New York v. Tradax Export SA [1981] 1 WLR 711.

[55] Id. cf Gill & Duffus SA v. Soc. Pour l'Exportation des Sucres SA [1986] Lloyd's Rep 332; and see Universal Bulk Carriers Ltd v. Andre & Cie [2001] 2 Lloyd's Rep 65, [2001] EWCA Civ 588, [28].

[56] eg Greenwich Marine Inc v. Federal Commerce & Navigation Co (The Mavro Vetranic) [1985] 1 Lloyd's Rep 580, 585.

[57] Michael J Warde v. Feedex International Inc [1985] 2 Lloyd's Rep 289, 298.

[58] State Trading Corp of India v. M Golodetz Ltd [1981] 2 Lloyd's Rep 277.

要尽快完成"[59];另外一些案例则将这些条款归类为无名条款,因为这些条款并没有确切地指引缔约方具体的履行时间,因此,将它们归类为"条件"条款无法实现合同的确定性。[60]在这些案件中发现一个完全一致的模式的难度反映了两个潜在政策之间的冲突。一方面是提高合同的确定性,另一方面是限制解除合同权利的滥用。在商业合同的时间条款方面,第一个政策似乎更占优势。首先,延迟履行是一种比较容易确定的违约方式,比确定违反有关质量规定的条款要容易得多,因为质量上的违约会涉及诸多有关事实的争议;其次,当涉及金融市场的产品或服务时,延迟履行显然会产生明显而且重要的商业影响。

3 1979年《货物买卖法》,第15A条

这一主题在普通法中有很大的难度,但我们现在不得不适应1994年《货物买卖法》依法律委员会的建议[61]而增加的第15A条对合同条款的三分法[62],类似条款也适用于其他货物供应合同。[63]新增条款只适用于买方不是消费者的情况,在这些案件中,条款限制买方因卖方违反了"与货物说明、样品保持一致"以及关于货物质量的法定默示条款而拒绝接受货物的权利。如果卖方确有此种违约行为但能证明违约行为如此微不足道以至于买方拒绝受领货物是不合理的,那么违约行为将不会被看做是对合同"条件"条款的违反而会被视为对"担保"条款的违反。那么,买方所获得的救济方式(如果有的话)只有损害赔偿金。如

---

[59] *Société Italo-Belge pour le Commerce et l'Industrie v. Palm & Vegetable Oils (Malaysia) Sdn Bhd (The Post Chaser)* [1981] 2 Lloyd's Rep 695.

[60] *Bremer Handelsgesellschaft mbH v. Vanden Avenne-Izegem PVBA* [1978] 2 Lloyd's Rep 109(只要它与合同第21条的"注意"条款相关)。

[61] Report on *Sale and Supply of Goods*, Law Com No 160, Scot. Law Com No 104 (1987).

[62] See s 4(1) of the Sale and Supply of Goods Act 1994.

[63] See s 7(1) of the Sale and Supply of Goods Act 1994.

果违约行为没有给其带来任何损害结果,他将无法获得任何救济。这一条款的潜在政策十分清晰,即避免(商业上的)买方在没有法律依据的情况下拒绝受领货物,其目的在于(用法律委员会的话说是)避免"不诚信"的拒绝受领货物[64],虽然这一条款非常奇怪地倾向于只对买方起限制作用而没有限制卖方(正如 *Bunge v. Tradax Export* 案)解除合同的权利。[65]当适用这一条款时,它是否将对合同"条件"条款的违反变成了对合同中间条款的违反呢?我并不这么认为,因为它保留了当侵害行为并不"轻微"时买方解除合同的权利,而且一个并不"轻微"的违约行为——作为对中间条款的违反——也许不至于严重到要解除合同。

我对第15A条关注最多的是它能否对以下已经确定的规则带来任何影响:在合同约定的期间外装船使拒绝受领货物的行为合法。[66]如果它认可这一规则,那么它将毁掉这一规则所意图实现的合同的确定性。引导通过第15A条的法律委员会的报告似乎设想这一条款不适用于这一类案件[67],但是这一条款本身却并不包含对这种效果的规定。报告中仅仅说明了此条款不适用于在合同中有相反的或可推断出有相反意图的合同。合同的确定性可以通过一个排除第15A条的明确条款得到修复。这种明确的条款被《货物买卖法》第15A条允许,并且依据1977年《不平等合同条款法》,这种条款也被认为是合理的。但是,如果没有这种明确规定,谁能确定地说在哪种情况下某一条款是默示条款?法律委员会试图通过说明第15A条并不是对法律的修改[68]

---

[64] Report on Sale and Supply of Goods, Law Com No 160, Scot. Law Com No 104 (1987) §4.18.
[65] *Bunge Corp of New York v. Tradax Export SA* [1981] 1 WLR 711.
[66] *Bowes v. Shand* (1877) 2 App Cas 455.
[67] §4.24.
[68] §4.2.

以及所导致的"不确定性将比实际情况更明显"[69]来减轻这些担心。虽然这一论述并没有得到解释,但却是基于第15A条将不会被经常使用的考虑而产生的,或者是因为"在适当的情况中,推断出想要排除这一条款的意图并不困难"[70]。但是我对这一观点并不信服,并且还有些疑问。这些疑问从霍夫曼法官在类似案件中的一些观点(买方没有履行土地买卖合同中有关时间的合同条款,而这一条款被认为是合同的核心内容)中获得了支持。而在 Union Eagle 案[71]中,买方仅仅是晚了10分钟付款。合同规定了如果买方没有按时全额支付,定金将被没收。最后买方主张返还定金的请求还是被法院驳回了。使关于没收定金的合同条款受制于法官的自由裁量而允许买方主张返还定金的请求将破坏合同的确定性,即使这种自由裁量不大可能被法官行使。"它存在的作用仅仅是使诉讼变成一个谈判的策略。"[72]第15A条能够导致这一结果,而且问题并不在于它的适用频率。不确定性来自于买方(或者是他的法律顾问)不知道这一条款将在何时被适用。我唯一的安慰就是,据我所知到目前为止,这一条款尚未适用于任何已公开的案例。

4 中间条款和担保条款

我已经讲过[73],第15A条并没有将"条件"条款变成中间条款,因为虽然它排除了在违约是"如此轻微"以至于拒绝受领是不合理的情况下拒绝受领的权利,但这毕竟不同于限制(用迪普洛克法官的话说)违约十分严重并剥夺了买方意图依据合同获得

---

[69] §4.23.
[70] Id.
[71] *Union Eagle Ltd v. Golden Achievement Ltd* [1997] AC 514.
[72] Ibid., 519.
[73] Id.

的全部利益的案件中的权利。这里存在一个相反的问题,即中间条款的概念有没有吞噬"担保"条款的概念。迪普洛克法官对 *Hong Kong Fir* 案的判决将"担保"描述为:一种可预见的保证,对其的违反将不会剥夺无过错方依据合同约定应得的全部利益[74]——如果违约方违反的是这种条款,受害方无权解除合同。这也是《货物买卖法》第61(1)条在"担保"条款定义中隐含的假设。第61(1)条规定:对担保条款的违约引起的救济方式只能是要求获得损害赔偿金而不是拒绝受领货物的权利或者把合同看成已废止的权利。但是,在某些情况下,违反合同"担保"条款也会产生不可预见的严重后果,因为(在其定义中)"担保"条款"间接与合同的主要目的相关"。奥姆罗德(Ormrod)法官在 *Hansa Nord* 案的判决中也发表了支持这一论断的观点:如果卖方对担保条款的违约行为产生了严重的影响或者违约行为是故意的,即如果卖方能够轻易地正确履行合同义务却拒绝这么做,那么买方也可以拒绝受领货物。[75]要找到一个现实的货物买卖实例很困难,因为现在关于"质量"或"某一特定目的适当性"的法定默示条款的范围非常宽泛[76],而且所有这些条款目前都被《货物买卖法》定义为"条件"条款。也许我们可以看看这个案例,汽车租赁合同中汽车的所有者"担保"车能够在德比日早上8点交付使用,然而在前一天却通知租车人车只能在晚上8点交付使用。在所有的可能性中,法院都会得出结论认为这里的"担保"一词已经不再是其表面上的意义了,而意味着合同的"条件"。然而,如果因为某些原因在起草合同时排除了这一理由,法院也许会主张,在这种类型的案件中要求租车人先支付租车费用然后再请求损害赔偿金是不合适的,并且认为这种违约行为(虽然是对"担保"条款

---

[74] [1962] 2 QB 26,70.
[75] [1976] QB 44,83.
[76] ie after the amendment of the Sale of Goods Act 1979 (especially of s 14) by the Sale and Supply of Goods Act 1994.

的违约)可以使当事人立即解除合同。

125　　在货物买卖合同案件中,我们可以提出类似的观点:法定的"条件与担保"之间的区别并不详尽,并且为中间条款在普通法领域的发展留下了一定的空间(被第62(2)条所保留),因此《货物买卖法》并没有彻底详尽地陈述"条件与担保"之间区别所产生的效力。奥姆罗德法官的建议到目前为止还没有经过任何检验,大概是因为根据法定的"担保"定义,对"担保"条款的违约是极其不可能导致足够严重的后果以至产生合法解除合同的效力。同时需要记住的是,在法定的条款分类中,"担保"条款是相当罕见的(并且对违反担保条款的救济方式被限制于请求损害赔偿金)。当法律规定或者双方在合同中明确约定不将某一条款归类为"担保"条款时,如果法院还把它归类为"担保"条款并且以此来认定违约的后果严重到要赋予一方拒绝受领或解除合同的权利就显得十分古怪。法院会愿意选取一个更加明显的途径,即将其划分为中间条款,然后认定因为这是严重的违约行为,所以取消合同是合法的。

即使奥姆罗德法官的建议被接受了(即在某些特殊的案件中违反"担保"条款将导致解除合同),担保条款的概念仍然与中间条款的概念有很大的区别。将这个问题最小化,1979年《货物买卖法》中的"担保"概念规定了"表面原则",即对"担保"条款的违约并不会导致解除合同权利的产生。然而,在违反中间条款的案件中,却没有"表面原则"。中间条款并没有吞并担保条款的观点仍然被很多司法讨论所支持,这些司法讨论仍将合同条款分为三类:"条件"条款、中间条款和"担保"条款。[77]

126　　最后一个难点是,很多法官仍然按照19世纪的惯例[78],把(按目前的术语来说)实际的"条件"条款称为"担保"条款。19

---

〔77〕　eg Bunge Corp of New York v. Tradax Export SA [1981] 1 WLR 711,725;Photo Production Ltd v. Securicor Transport Ltd [1980] AC 827,849.

〔78〕　Behn v. Burness (1863) 3 B & S 751.

世纪的用法在 Behn v. Burness 案中已经得到了很好的体现,被讨论的条款是租船合同中对船只位置的规定,而且这一条款在"(那个时候)被称为担保条款,但实际上当时指的是合同中的条件条款"[79]。直到 1982 年,迪普洛克法官在 Lambert v. Lewis 案[80]中把一个被《货物买卖法》[81]归类为"条件"的条款归类为"担保"条款。与普通法中默示条款有关的术语也被这样使用,即涉及在货物使用之前须运输的买卖合同中,货物必须能承受基本的运输风险。这一条款被描述为默示"担保"条款[82],但是(尤其是在这个意义上使用的"适销"[83]—词,这个词在以前[84]依据《货物买卖法》是默示条件条款的基础)上下文明显地表明这里使用的"担保"并不是货物买卖法概念上的"担保",而是 1979 年法案中符合"条件"特性的条款。对默示条款的违约可赋予对方解除合同的权利,但是这一结论并不支持这一观点:对《货物买卖法》中"担保"条款的违约的救济途径是可以实现的。

5 保险担保条款

使用"担保"来表达"条件"的情况在保险法中也存在。1906年《海事保险法》第 33(3)条规定"担保……是必须被严格遵守的条件"——这一表达方式与刚刚引用的 Behn v. Burness 案中的用法十分相似[85],并且此条款规定:"如果它不能被遵守,那么

---

[79] (1863) 3B & S751,755.

[80] [1982] AC 225,273,276.

[81] S 14.

[82] Mash & Murrell Ltd v. Joseph I Emanuel Ltd [1961] 1 WlR 862,865;(关于此案的最终判决,参考[1961] 2 Lloyd's Rep 326); AB Kemp Ltd v. Tolland [1956] 1 Lloyd's Rep 681,685.

[83] Sale of Goods Act 1979, s 14(2), before its amendment by Sale and Supply of Goods Act 1994.

[84] In the Mash & Murrell case [1961] 1 WLR 862,865.

[85] (1863) 3B & S751,755.

根据保险单的明确规定,保险人自对方违反担保条款之日起不再承担责任。"因此从这个重要的方面来说,这里的"担保"类似于《货物买卖法》和普通法中的"条件";如果"担保"条款不能得到遵守,将会解除保险人的责任。但是正如戈夫法官在 Good Luck 案[86]中所说的,违反保险"担保"条款造成的后果——比方一个已投保的船东违反其不将船驶入"禁航区域"的保证——不同于违反《货物买卖法》中"条件"条款所造成的后果,因为对保险"担保"条款的违反会自动解除保险人的责任和义务,而对《货物买卖法》中"条件"条款的违反,只有在买方(或者其他受害方)自己选择解除合同时才能解除合同。根据 1906 年《海事保险法》,保险人因对方的违约行为被免除债务的履行[87],但根据 1979 年《货物买卖法》,违约行为可能会导致解除合同的权利。[88]我认为不同之处的原因并不在于保险中"担保"的本质与《货物买卖法》中"条件"的本质有何不同,而在于"损害赔偿保险合同"的本质。也就是说,被保险人通过保险人许诺对损失进行补偿而对抗损失。在这样的合同中,被保险人支付保险费并不是为了获得对方(保险人)的履行行为,他支付价款或者订立合同是为了一个有条件的允诺,而这一允诺通常在大多数情况下完全不需要被履行,因为投保的事故通常不会发生。在违反"担保"条款之前,保险人被"有条件"(或者说"有风险")的允诺所约束。但是如果没有发生任何损失,保险人并没有进行任何支付的义务。被保险人违反"担保"条款之后,保险人就不再受制于自己所作的允诺,这似乎就是法案所使用的"解除合同"。一旦"解除"需要选择权,保险人将会发现他遇到了一个不可忽视的困难,他常常直到损失发生之后才会发现违反"担保"条款行为的存在。解决这一问题

---

[86] Bank of Nova Scotia v. Hellenic Mutual War Risk Association (Bermuda) Ltd (*The Good Luck*) [1992] 1 AC 233.

[87] Marine Insurance Act 1906, s33(3).

[88] Sale of Goods Act 1979, s 11(3).

最简单的办法就是法案中所给出的：保险人自违约发生之时起不承担责任。因为这个现实的原因，保险"担保"条款和其他合同中的"条件"条款在操作上有些小小的不同，但是我并不由此认为它们属于不同的法律分类。所以，现在我们仍然停留在我最先提到的合同条款四分法中的三类条款。

6 基本条款

(a) 免责条款和根本违约

我所讲的第四类条款是"基本条款"。这是法院在国家通过立法使免责条款无效或通过立法给予法院更大的权力使法院以违反"合理和公平"为由判定免责条款无效之前发明用来限制免责条款的武器。众所周知，法院最后创制了"根本违约"原则，而且这一原则一度被认为是用来阻止合同一方在某些严重违约行为中排除或限制自身责任的实体法。但是 1966 年上议院在 *Suisse Atlantique* 案[89]的判决中却从该"实体性原则"退缩了，并且宣称这一原则只是一种法律解释，虽然上议院用了另外三个案例（1980 年的 *Photo Production* [90]案，1983 年的 *George Mitchell*[91]案和 *Ailsa Craig*[92]案）来建立这一观点。我们停留在一个解释规则上，正因为它，免责条款才不能包含某些非常严重的侵权行为。要包含严重侵权行为，免责条款必须"十分明确并且没有模糊不清的表述"[93]。即使是在我已经提到的四个案例之后，我们还是偶尔可以发现：法院在判决这类案件时会以对（免

---

[89] *Suisse Atlantique Société d' Armement Maritime SA v. NA Rotterdamsche Kolen Centrale* [1967] 1 AC 361.
[90] *Photo Production Ltd v. Securicor Transport Ltd* [1980] AC 827.
[91] *George Mitchell (Chesterhall) Ltd v. Finney Lock Seeds Ltd* [1983] 2 AC 803.
[92] *Ailsa Craig Fishing Co Ltd v. Malvern Fishing Co Ltd* [1983] 1 WLR 964.
[93] *Ailsa Craig Fishing Co Ltd v. Malvern Fishing Co Ltd* [1983] 1 WLR 966.

责)条款的解释可能并不符合"双方的真实意愿"为基础[94],这些判决与先前的根本违约的"实体性原则"有相同的效果,即使这些判决最后基本上向"解释"原则的方向转化。

虽然"实体性原则"被 1966 年才出现的"解释"理论挤到一边,但上诉法院于 1970 年试图重新引入一个新的"实体性原则"版本。其观点是根本违约给予受害方解除合同的权利,一旦受害方行使解除权,双方合同关系归于消灭,而且受害方不再受免责条款的制约。即使根据法律解释,免责条款排除或者限制了受害方对违约行为请求赔偿的权利。这是 Harbutt's Plasticine 案[95]的推理过程,但是这一观点(正如我们所知的)在 1980 年的 Photo Production 案[96]中没有被上议院采纳。受害方解除合同从而无须继续履行其义务,这必须以解除权的行使为前提。但是它并没有溯及力,因此在解除合同之前产生的损失依然受条款的制约。

(b) 基本条款的概念

基本条款是一个辅助性概念,但却在这个熟悉的故事里扮演着重要而有趣的角色。违约行为过去一般由实体性原则进行规范,现在法院更倾向于使用解释规则来处理,对基本条款的违约就是有这一效果的违约行为。对基本条款的违反不仅仅只是履行上的瑕疵,而且履行内容与合同约定内容具有实质上的不同,最经典的违反基本条款的案例是卖方本应按合同的要求交付蚕豆却交付了豌豆。[97]用德夫林法官的话说,这一条款"比合同的条件条款还要狭窄"。[98]用他举的例子来说,桃花心圆木的卖方

---

[94] eg *Tor Line AB v. Alltrans Group of Canada Ltd (The TFL Prosperity)* [1984] 1 WLR 48, 59; *Wibau Maschinenfabrik Hartman SA v. Mackinnon & Co (The Chanda)* [1989] 2 Lloyd's Rep 494.
[95] *Harbutt's "Plasticine" Ltd v. Wayne Tank & Pump Co Ltd* [1970] 1 QB 447.
[96] *Photo Production Ltd v. Securicor Transport Ltd* [1980] AC 827.
[97] See *Chanter v. Hopkins* (1838) 4 M & W 399, 404.
[98] *Smeaton Hanscomb & Co Ltd v. Sassoon I Setty, Son & Co (No 1)* [1953] 1 WLR 1468, 1470.

如果发送的是松树圆木,那么他就违反了基本条款,而承诺发送"等同于样品的桃花心圆木"的卖方如果发送的桃花心圆木与样品不符,那么他就违反了合同的"条件"条款。[99]当然,基本条款与条件条款之间的区别不会总是像这个例子一样清楚明白,因为即使从字面上看并没有与合同的约定不同,但却存在严重的本质上的瑕疵,也会被认为是违反了合同的基本条款。在 George Mitchell案[100]中,法官就这一问题曾经(在不同的阶段)产生相当多的争议。[101]问题的答案最终归结为对合同的解释。一个种子批发商把蔬菜种子提供给农民,但种出的蔬菜既不适合人类又不适合动物食用,农作物照片上显示卖方的销售代表十分焦急。[102]帕克(Parker)法官[103]和上诉法院大多数法官主张"交付的东西并不满足合同的要求,没有比拿摩托车去履行汽车销售合同更有瑕疵的行为了"。[104]但是上议院并不同意,布里奇(Bridge)法官说:"这根本就不是'豌豆和蚕豆'的案例。"[105]对农民来说幸运的是,因为卖方的免责条款不符合后来实施的法律明确规定的合理性要求,从而并没有影响最后的结果。

这与现在实体性原则被弃用而更倾向于解释规则有没有关系呢?我想是的,并且有很多原因。

(c) 解释的问题

首先,根据解释规则,我们仍然需要知道免责条款的范围是否足够宽泛以至于涵盖对基本条款的违约。在根本违约和基本

---

[99] Id.

[100] *George Mitchell (Chesterhall) Ltd v. Finney Lock Seeds Ltd* [1983] 2 AC 803.

[101] 将帕克法官在 [1981] 1 Lloyd's Rep 476,480 中的观点和上诉法院大多数法官在[1983] 2 QB 284,385 的观点与上议院盛行的观点[1983] 2 AC 803,813 进行对比。

[102] [1981] 1 Lloyd's Rep 476,477—478.

[103] Ibid., 480.

[104] [1983] 2 QB 284,305.

[105] [1983] 2 AC 803,813.

条款被认识之前,这一问题在 1921 年麦卡迪(McCardie)法官判决的 *Aron v. Comptoir Wegimont* 案[106]中有很好的阐述,而那时对根本违约和基本条款没有什么认识。一份销售可可粉的合同规定可可粉应该在 10 月份装运而实际上货物在 11 月份才被装运,此合同包含了一个"不得拒收货物"的条款,条款规定:不论货物的等级、品种或产品说明与合同的规定有何不同,买方不得拒收货物。这一免责条款并不是用来制止买方拒绝受领货物,因为合同中明确要求货物在 10 月装运,这一明确规定"绝不仅仅是对货物的说明,而是一项双方达成的协议",[107]所以卖方的违约行为被归类为《货物买卖法》第 13 条中规定的对合同"条件"条款的违约。这个案例的推理论证并不容易被效仿,但一种可能的合理解释是:卖方违反了基本条款,然后"不得拒收货物"条款从法律解释的角度并没有涵盖根本违约。解释规则可能为法律起草人留下空间来填补这一缺口。但实际上,可能会有很多限制条件制约他(起草人)的这一行为。其一,免责条款如果包含于供货方的"书面商业格式条款"中[108],那么它可能会受制于 1977 年《不平等合同条款法》中对合理性的要求(虽然这不适用于国际性的供应合同,比如 Aron 案)。这个著名的故意违约案所导致的损失或破坏带给我们的教训是:一个声称在其条款中涵盖了这种违约行为的免责条款很容易被对方主张免责条款不满足合理性要求。另一个对起草人的限制是普通法的原则,法院可能拒绝承认字面上广泛到足以涵盖这一违约行为的(免责)条款的法律效力,因为(用瑞德法官在 *Suisse Atlantique* 案中的话说)这样做"十分荒谬"[109]。这个普通法的原则可以适用于上述故意违约的

---

[106] *J Aron & Co v. Comptoir Wegimont* [1921] 3 KB 435.
[107] Ibid., 440.
[108] Unfair Contract Terms Act 1977, s3(1).
[109] *Suisse Atlantique* case [1967] 1 AC 361,398.

情况。*TFL Prosperity* 案[110]也是一个例证,此案中,船东因为没有按照规定的尺寸提供船只而违约,并且上议院拒绝承认排除船东违约责任的合同条款的法律效力,因为这么做的结果将是"租船实质上并没有形成一个合同……从而成为船东的单方意愿"[111]。面对这些立法上和普通法上的限制,起草者可能会以另一种形式来勾画免责条款,且为基本条款概念的运用留出了相当大的空间。

(d) 绕航

毫无疑问,基本条款的概念保持或者可能保持某种程度上现实的重要性的第二个原因是因为违反基本条款的一个法律后果是(就像违反"条件"条款一样)赋予受害方解除合同的权利。基本规则是,解除合同没有溯及力因此不能剥夺在(被害方)选择解除合同之前免责条款对过错方的保护,这也是 *Photo Production* 案[112]的结论。但是在海运合同法律及其他类似的情形中还存在一个非常著名的例外情形。[113]在这类合同中,有关航行路线的条款被认为是基本条款[114],任何没有被证明是正确的偏离既定航线的航行都意味着违约,也即我们所知的绕航。任何没有正当理由的绕航行为都能赋予货物所有人解除合同的权利,即使所绕行的航线偏离原来航线的程度非常小且"因为一些不相关的实际目的"[115]。绕航还剥夺承运方受免责条款或限制条款的保护。[116]绕航具有这种最后的效果,即使免责条款或者限制条

---

[110] eg *Tor Line AB v. Alltrans Group of Canada Ltd* (*The TEL Prosperity*) [1984] 1 WLR 48.

[111] Ibid., 58—59.

[112] *Photo Production Ltd v. Securicor Transport Ltd* [1980] AC 827.

[113] eg land carriage: *L & NW Ry v. Neilson* [1922] 2 AC 263.

[114] See the reference to deviation in the *Smeaton Hanscomb* case [1953] 1 WLR 1468,1470.

[115] *Suisse Atlantique* case [1967] 1 AC 361,423.

[116] See eg *Joseph Thorley Ltd v. Orchis SS Co Ltd* [1907] 1 KB 660; *Hain SS Co v. Tate & Lyle Ltd* (1936) 41 Com Cas 350.

款包含了已经发生的损失,并且这个效果具有溯及力,也就是说,并不仅仅是从租船人或者船东解除合同时开始(如果他这样做了)或者在损失发生时开始,而是从绕航时开始。[117] 从这些方面看,绕航的案例似乎并未适用 Photo Production 案中建立的基本规则,这些基本规则的权威性已经被认可[118]并且被威伯福斯法官描述为"独特的"规则。[119] 为什么在这种情况下这些基本规则被这样对待?一般而言,这个问题的答案(这个答案是一种全新的见解)与基本理论是一致的。[120] 因为绕航,货物所有人丧失了保险保护的利益,因而也获得了对抗承运人的救济权利,同时可以被引申的是,他也获得了对抗保险人的权利。[121] 这一论证并不能完全令人信服,因为保险合同可能包含了"继续承保"条款,但是这个条款也许仍然存在意料之外的缺陷:它也许会规定被保险人"在绕航的情况下,在重新约定保费的条件下可以续保",并且保险人已经知道要根据损失的风险和程度来重新确定保险费。[122] 因此,对绕航案例的"保险"解释可能也有效力。如果有,我们还要问的是,从什么时候开始绕航免除保险人的责任。1906 年《海事保险法案》第 46(1)条对这一问题的回答是:"保险人自绕航发生时开始不再承担保险责任,船只在损失发生之前是否重新回到既定航线并不重要。"这一条款的部分措辞和第 33(3)条相似,第 33(3)条规定:在违反(保险)"担保"条款的情况下,"保险人自违反担保行为发生之日起不承担保险责任"。现在我们有 Good Luck 案[123]的权威结论来支持这一观点:在"担

---

[117]　eg Joseph Thorley Ltd v. Orchis SS Co Ltd [1907] 1 KB 660.
[118]　[1980] AC 827,845.
[119]　Ibid., 850.
[120]　由于 The Good Luck [1992] 1 AC 233。
[121]　Hain SS Co v. Tate & Lyle Ltd (1936) 41 Com Cas 350,354.
[122]　Vincentelli v. Rowlett (1911) 16 Com Cas 310;这种保险费根据 Marine Insurance Act 1906, s31(2)是否合理还需要司法机构来决定。
[123]　Bank of Nova Scotia v. Hellenic Mutual War Risk Association (Bermuda) Ltd (The Good Luck) [1992] 1 AC 233.

保"违约案例中,保险人责任的解除是自动的,无需保险人进行选择。根据法案的规定,很难否认在绕航案例中存在相同情况的结论;另外,如果货主和承运人之间对绕航后果的"保险"解释被接受,那么相同的推理可能会按照 *Good Luck* 案进行,以阐明绕航在免责条款上的溯及力。[124]

我知道还存在其他对绕航案例的解释,例如迪普洛克法官在 *Photo Production* 案[125]中将绕航看成对合同"条件"条款的违约。但是,德夫林法官早先把它看成对基本条款的违约。[126]作为一位退休的法学教授,也许不应该冲进两位普通法的学术巨人在这一分类上的分歧,但我仍然要表明自己是德夫林法官观点的拥护者。绕航也许在某一方面和违反合同"条件"条款相似,即它赋予非违约方解除合同的权利,即使解除合同是"因为一些不相关的实际目的"[127],这一相似性也许能解释为何迪普洛克法官将绕航归类为对合同"条件"条款的违约。但是,这两种违约就其法律后果而言仍然存在明显的法律上的不同(如上文所描述

---

[124] 第一眼看上去,这一论断对这一反对意见是开放的:根据 Marine Insurance Act 1906,s 39,存在一个关于适航性的默示担保条款,对此条款的违反将产生 s33(3) 中阐述的效力,正如 *Good Luck* 案所解释的一样。但是在海运合同中,和适航性相关的条款甚至不是"条件"条款,更不用说是根本条款了。它可能仅仅是一个中间条款,这也是 *Hong Kong Fir* 案中所支持的观点。适航性被认为是最重要的合同义务,所以如果这一义务没有被履行,承运人就不能依赖合同中的豁免条款对抗违反此合同而产生的损失。参见 *Maxine Footwear Co Ltd v. Canadian Government Merchant Marine Co Ltd* [1959] AC 589,609。这一观点提到了海牙规则所提供的"豁免权",但是同样的原则在普通法中应用于私人协商的合同中的豁免,参见 *Carver on Bills of Lading* (1st edn, 2001) §9-208。从这个方面看,其效果和绕航的效果十分相似,如果货物所有人因为船只不适航而遭受损失(并且因为违反了保险担保条款而被剥夺了对抗保险人的权利),他将被承运合同的免责或限制条款排除其主张享有对抗承运人的权利。从这个程度上看,船的不适航性(和绕航一样)具有溯及力并且并不需要货物所有人解除合同。两种违约的不同之处在于,*Maxine Footwear* 案中的原则仅仅在损失由不适航所造成的情况下适用,而在绕航的案例中比如 *Joseph Thorley Ltd v. Orchis SS Co Ltd* [1907] 1 KB 667 认为没有必要进行这种因果的联系,对于后者的评论,参见 *Carver on Bills of Lading* § §9-059 et seq。

[125] *Photo Production Ltd v. Securicor Transport Ltd* [1980] AC 827,850.

[126] In the *Smeaton Hanscomb* case [1953] 1 WLR 1468, 1470.

[127] *Suisse Atlantique* case [1967] 1 AC 361,423.

的),特别是它们各自对免责条款的作用。[128]这些区别也使支持绕航案件应该"被合同基本法吸收"的观点变得很难。[129]根据这一观点,绕航在免责条款上的溯及力产生于对免责条款的解释;但是这需要某些现在被这一法律分支弃用的牵强附会的解释。[130]所以,我赞成威伯福斯法官认为它是一种独特条款的观点[131],我的结论是,"条件"条款违约的概念并没有吞并基本条款违约的概念。

(e) 解除合同权利的丧失

这个结论还被另一个与免责条款毫无关系的规则所支持。在某些情况下,因违约而产生的解除合同的权利可能因为受害方随后实施的行为而丧失。例如,买方"接受"了货物因而阻碍了因违反合同"条件"条款而产生的拒绝受领货物权利。[132]买方是否"接受"货物部分取决于他是否有合理的时机验收货物[133],如果他有这种机会,那么他有可能已经接受了货物,即使他实际上并没有验收或者没有发现对"条件"条款的违约行为。虽然现在还没有权威的观点,但我主张这在一种特别严重的违约行为中并不适用,即"豌豆和蚕豆"的情况。[134]当然,如果买方知道在蚕豆买卖合同中豌豆已经被发送出去并且决定接受豌豆,那么可以推

---

[128] eg *Joseph Thorley Ltd v. Orchis SS Co Ltd* [1907] 1 KB 660.

[129] *Kenya Railways v. Antares Co Pty Ltd* (*The Antares*) [1987] 1 Lloyd's Rep 424,430.

[130] *George Mitchell* case [1933] 2 AC 803,814;*Photo Production* case [1980] AC 827,851.

[131] *Photo Production* case [1980] AC 845. 这一观点被绕航的另一个特别效力所支持,即甚至在损失不因绕航导致的情况下,剥夺承运人从免责条款中获得的利益。

[132] Sale of Goods Act 1979, s 11(4).

[133] Ibid., s35(2),(4) and (5).

[134] 参考 *Rowland v. Divall* [1923] 2 KB 500。在此案中违反的是 1979 年《货物买卖法》中的默示"条件"条款,但是也被认为是基本条款,因为其导致了约因原则的完全失败并且使买方有权要求归还价款,即使他的所为毫无疑问地意味着他对汽车的"接受",如果卖方违反了关于质量的默示条款。

断一个新的豌豆买卖合同成立了。[135]但是,如果他仅仅只有发现事实的机会,并且没有发现(比方说他没有打开装着豌豆的袋子,却合理地相信里面是蚕豆),那是不能作出这一推断的。然而,如果实际上被运输的是豌豆,仅仅依据他的行为(接受与约定不一致的蚕豆)无法剥夺他拒绝受领货物的权利。这并不是唯一一个在这种情况下可以适用违反根本条款的概念来获得拒绝受领货物权利的例子[136],但是它极大地加强了这一概念(基本条款)的独立存在性,而且在相当程度上具有现实重要性。

我的结论就是讲座开始时宣称的论断:在20世纪末,有(而且确实仍然有)四种合同条款。

·[135] *Charterhouse Credit Co Ltd v. Tolly* [1963] 2 QB 683,710.
[136] 关于另外一个案例请参考 *Gill & Duffus SA v. Berger & Co Inc* [1984] AC 382,390。

案 例 表[*]

A M Collins & Co v. Panama R Co 197 F 2d 893 (1952) ……… 57
Adler v. Dickson [1955] 1 QB 158 ……… 55,56,57,61,62,65,70,77
Ailsa Craig Fishing Co Ltd v. Malvern Fishing Co Ltd [1983] 1
　WLR 964 ……………………………………………………… 128
Albacruz (Cargo Owners) v. Albazero (Owners) (The Albazero)
　[1977] AC 774 ………………………………………………… 91
Albazero, The See Albacruz (Cargo Owners) v. Albazero (Owners)
　(The Albazero)
Alfred McAlpine Construction Ltd v. Panatown Ltd [2001] 1
　AC 518 …………………………………………………… 6,50,91
Aliakmon, The See Leigh & Sillavan Ltd v. Aliakmon Shipping
　Co Ltd (The Aliakmon)
Amalgamated Investment & Property Co Ltd (In Liquidation) v.
　Texas Commerce International Bank Ltd [1982] QB 84 …… 35,39,43
Amsprop Trading Ltd v. Harris Distribution Ltd [1997] 1
　WLR 1025 ……………………………………………………… 95
New Zealand Shipping Co Ltd v. A. M. Satterthwaite & Co
　Ltd (The Eurymedon) [1975] AC 154 ………………… 17,66,67,68
Anangel Atlas Compania Naviera SA v. Ishikawajima-Harima Heavy
　Industries Co Ltd (No 2) [1990] 2 Lloyd's Rep 526 ……… 22,44
Anderson v. Martindale (1801) 1 East 497 …………………… 86
Arcos Ltd Ronaasen [1933] AC 470 …………………………… 111,112

---

[*] "案例表"、"法规表"和"索引"中的页码对应的是英文原版中的页码,即本书边码。——译者注

Atlantic Baron, The *See* North Ocean Shipping Co v. Hyundai
　　Construction Co Ltd (The Atlantic Baron)
Azov Shipping Co v. Baltic Shipping Co [1999] 2 Lloyd's Rep 159 ……
　　…………………………………………………………………… 37
Baird Textile Holdings Ltd v. Marks & Spencer plc [2001] C. L. C.
　　999, [2001] EWCA Civ 274 ……………………………… 11,38
Balsamo v. Medici [1984] 1 WLR 951 ………………………… 89
Bank of Nova Scotia v. Hellenic Mutual War Risk Association
　　(Bermuda) Ltd (The Good Luck) (No.2) [1992] 1
　　AC 233, HL; reversing [1989] 2 Lloyd's Rep 238, CA … 5,127,133
Beer & Foakes (1883) 11 QBD 221 ……………………………… 24
Behn v. Burness (1863) 3 B & S 751 ………………… 109,110,126,127
Bentsen v. Taylor [1893] 2 QB 274 ……………………………… 109
Berge Sisar, The *See* Borealis AB v. Stargas Ltd (The Berge Sisar)
Beswick v. Beswick [1968] AC 58, HL; affirming
　　[1966] Ch 538, CA, reversing; [1965] 3 All
　　ER 858 ………………………………………… 4,5,47,63,82—105
Boone v. Eyre (1777) 1 Hy B1 273 n …………………………… 108
Borealis AB v. Stargas Ltd (The Berge Sisar) [2001] UKHL 17;
　　[2001] 2 All ER 193 ………………………………………… 78
Bowes v. Shand (1877) 2 App Cas 455 ………………… 112,119,122
Bremer Handelsgesellschaft mbH v. Vanden Avenne-Izegem PVBA
　　[1978] 2 Lloyd's Rep 109 ………………………………… 121
Bunge Corporation v. Tradax Export SA
　　[1981] 1 WLR 711 ………… 6,108,110,112,113,116,120,122,125
Buttery v. Pickard (1946) 62 TLR 241 ……………………… 31
Callisher v. Bischoffsheim (1870) LR 5 QB 449 ……………… 16
Captain Gregos, The *See* Compania Portorafti Commerciale SA v.
　　Ultramar Panama Inc (The Captain Gregos) (No 2)
Carle Montanari Inc v. American Export Isbrandtsen Lines Inc 275 F
　　Supp 76 (1967) ……………………………………………… 66
Carlill v. Carbolic Smoke Ball Co [1893] 1 QB 256 ……………… 2
Cehave NV v. Bremer Handelsgesellschaft mbH (The Hansa Nord)
　　[1976] QB 44 ……………………………………… 118,124

Central London Property Trust Ltd v. High Trees House Ltd [1947]
  KB 130; [1956] 1 All ER 256n; (1946) 62 TLR 557;
  [1947] LJR 77; (1946) 175 LT 333 .... 3,12,29—43,45
Chanda, The See Wibau Maschinenfabrik Hartman SA v. Mackinnon
  & Co (The Chanda)
Chandler v. Webster [1904] 1 KB 493 2
Chanter v. Hopkins (1838) 4 M & W 399 130
Charterhouse Credit Co Ltd v. Tolly [1963] 2 QB 683 137
Cohen v. Nessdale [1982] 2 All ER 97; affirming [1981] 3 All
  ER 118 41
Combe v. Combe [1951] 2 KB 215 36,37,38,40,43
Commission for New Towns v. Cooper (Great Britain) [1995]
  Ch 259 46
Compania Portorafti Commerciale SA v. Ultramar Panama Inc (The
  Captain Gregos) (No 2) [1990] 2 Lloyd's Rep 395 76
Couldery v. Bartrum (1881) 19 Ch D 394 28
Coulls v. Bagot's Executor and Trustee Co Ltd (1967) 119 CLR 60 ... 86
Crabb v. Arun DC [1976] Ch 179 40
Currie v. Misa (1975) 1 LR 10 Ex 153 11
D & C Builders Ltd v. Rees [1966] 2 QB 617 24,26,27,28,29,33
Darlington BC v. Wiltshier Northern Ltd [1995] 1
  WLR 68 47,50,91,97,99
De Mattos v. Gibson (1858) 4 De G & J 276 48
Diana Prosperity, The See Reardon Smith Line Ltd v. Hansen-Tangen
  (The Diana Prosperity)
Dillwyn v. Llewelyn (1862) 4 DF & G517 40
Dimskal Shipping Co SA v. International Transport Workers' Federation
  (The Evia Luck) (No2) [1992] AC 152 16
Drive Yourself Hire Co (London) Ltd v. Strutt [1954] 1
  QB 250 52,53
Dunlop Pneumatic Tyre Co Ltd v. Selfridge & Co
  Ltd [1915] AC 847 49,50,51,59,60,82,96
Dunlop v. Lambert (1839) 2 Cl & F 626 91
Dutton v. Poole (1678) 2 Lev 210; affirming T Raym 302 47

Edmonds v. Lawson [2000] QB 501 18
Elder Dempster & Co v. Paterson Zochonis & Co [1924] AC
  522 HL; reversing [1923] 1
  KB 420, CA 53,54,55,56,57,58,59,61,62,65,73,77
Esso Petroleum Co. Ltd v. Harper's Garage (Stourport) Ltd [1968]
  AC 269 6
Eurymedon, The See New Zealand Shipping Co Ltd v. A. M.
  Satterthwaite & Co Ltd (The Eurymedon)
Evia Luck, The See Dimskal Shipping Co SA v. International Transport
  Workers' Federation (The Evia Luck) (No2)
Faraday v. Tamworth Union (1917) 86 LJ Ch 436 46
Fibrosa Spolka Akcyjna v. Fairbairn, Lawson, Combe Barbour Ltd
  [1943] AC 32 2
First National Bank plc v. Thomson [1996] Ch 231 39
Foakes v. Beer (1884) 9 App
  Cas 605 .... 12,24—29,31,32,33,42,43,44,45,46
Fraser River Pile and Dredge Ltd v. Can-Drive Services Ltd [2000] 1
  Lloyd's Rep 199 102
Freer v. Putnam Funeral Home 111 SW 3d 463 (1937) 100
Gallie v. Lee [1971] AC 1004 5
Gandy v. Gandy (1885) 30 Ch D 56 47
Garrard v. Frankel (1862) 30 Beav 445 46
George Mitchell (Chesterhall) Ltd v. Finney Lock Seeds Ltd
  [1983] 2 AC 803, HL; affirming [1983] 2 QB 284, CA;
  affirming [1981] 1 Lloyd's Rep 476 128,130
Gill & Duffus SA v. Berger Co Inc [1984] AC 382 107,137
Gill & Duffus SA v. Soc. Pour l'Exportation des Sucres SA [1986] 1
  Lloyd's Rep 332 120
Glaholm v. Hays (1841) 2 M & G 257 109,110
Good Luck, The See Bank of Nova Scotia v. Hellenic Mutual War Risk
  Association (Bermuda) Ltd (The Good Luck) (No. 2)
Gorham v. British Telecommunications plc [2001] 1 W. L. R. 2129 ... 88
Greenwich Marine Inc v. Federal Commerce & Navigation Co (The
  Mavro Vetranic) [1985] 1 Lloyd's Rep 580 120

Gregos, The *See* Torvald Klaveness A/S v. Arni Maritime Corp
(The Gregos)
Hadley v. Baxendale(1854) 9 Ex 341 ·· 2
Hain SS Co v. Tate & Lyle Ltd (1936) 41 Com Cas 350 ············ 133
Hansa Nord, The *See* Cehave NV v. Bremer Handelsgesellschaft mbH
(The Hansa Nord)
Hanson v. Royden (1867) LR 3 CP 47 ··· 15
Harbutt's "Plasticine" Ltd v. Wayne Tank & Pump Co Ltd [1970] 1
QB 447 ··· 129
Harris v. Watson (1791) Peake 102 ·· 12
Hemmens v. Wilson Browne [1995] Ch 223 ··································· 89
Henderson v. Merrett Syndicates [1995] 2 AC 145 ······················· 80
Hispanica de Petroleos SA v. Vencedora Oceanica Navigation SA (The
Kapetan Markos NL)(No 2) [1987] 2 Lloyd's Rep 321 ············ 79
Hochster v. de la Tour (1853) 2 E & B 67 ······································· 2
Hong Kong Fir Shipping Co. v. Kawasaki
Kisen Kaisha Ltd [1962]2 QB 26 ······ 4,110,113—118,123,124,135
Household Fire & Carriage Accident Insurance Co Ltd v. Grant (1879)
4 Ex D 216 ··· 37
Hughes v. Metropolitan Railway (1877) 2 App Cas 439 ······ 31,32,37
Huyton SA v. Peter Cremer CmbH [1999] 1 Lloyd's Rep 620 ········ 14
J Aron & Co Inc v. Comptoir Wegimont SA [1921] 3 KB 435 ··· 131,132
Jefferys v. Jefferys (1841) Cr & Ph 138 ··· 85
Johnson Matthey & Co v. Constantine Terminals Ltd [1976] 2 Lloyd's
Rep 215 ··· 76,79
Johnson v. Gore Wood & Co [2001] 1 All ER 481 ··························· 41
Johnson v. Shrewsbury & Birmingham Railway (1853) 3 DM
& G 358 ··· 89
Jones v. Waite (1839) 5 Bing NC 341; affirmed (1842) 9 Cl
& 107 ··· 17
Jorden v. Money (1854) 5 HLC 185 ·· 33,36,40
Joseph Thorley Ltd v. Orchis SS Co Ltd [1907] 1 KB 660 ······ 133,135
Junior Books Ltd v. Veitchi Co Ltd [1986] AC 520 ············ 69,81,89
Keighley Maxsted & Co v. Durant [1901] AC 240 ························ 50

Kemp v. Sober (1851) 1 Sim (NS) 517 ············· 50
Kenya Railways v. Antares Co Pte Ltd (The Antares)(No 1) [1987] 1
　Lloyd's Rep 424, CA ············· 136
KH Enterprises v. Pioneer Container (The Pioneer
　Container) [1994] 2 AC 324 ············· 54,55,60,76,77,79
Koufos v. Czarnikow Ltd(The Heron Ⅱ) [1969] AC 350 ············· 5
Krell v. Henry [1903] 2 KB 740; (1902) 18 TLR 823; The times,
　12 August 1902 ············· 1
Kwei Tek Chao v. British Traders Ltd [1954] QB 459 ············· 108
L & NW Ry v. Neilson [1922] 2 AC 263 ············· 133
Lambert v. Lewis [1982] AC 225 ············· 126
Law Debenture Trust Corp v. Ural Caspian Oil Corp [1993] 1 WLR
　138, CA; reversing [1995] Ch 152 ············· 48
Lawrence v. Fox 20 NY 268 (1859) ············· 47,48
Leigh & Sillavan Ltd v. Aliakmon Shipping Co Ltd
　(The Aliakmon) [1986] AC 785 ············· 69,72,73,76,77,78
Les Affréteurs Réunis SA v. Leopold Walford (London) Ltd [1919]
　AC 801 ············· 51
Linden Gardens Trust v. Lenesta Sludge Disposals Ltd [1994]
　1 AC 85 ············· 50,91,92,93
Liston v. SS Carpathian (Owners) [1915] 2 KB 42 ············· 15
Lloyd's v. Harper (1880) 16 Ch D 290 ············· 51
London Drugs Ltd v. Kuehne & Nagel International Ltd [1992]
　3 SCR 299 ············· 57,65,102
Lord Strathcona SS Co v. Dominion Coal Co [1926] AC 108 ············· 48
Low v. Bouverie [1891] 3 Ch 82 ············· 35
Mahkutai, The [1996] AC 650 ············· 54,55,57,67,79
Marc Rich Co AG v. Bishop Rock Machine Co Ltd (The Nicholas H)
　[1996] AC 211 ············· 73
Marco Productions Ltd v. Pagola [1945] KB 111 ············· 50
Mash & Murrell Ltd v. Joseph I Emanuel Ltd [1961] 2 Lloyd's Rep 326,
　CA; reversing [1961] 1 WlR 862 ············· 126
Mavro Vetranic, The See Greenwich Marine Inc v. Federal Commerce
　& Navigation Co (The Mavro Vetranic)

Maxine Footwear Co Ltd v. Canadian Government Merchant Marine
Co Ltd [1959] AC 589 ·· 135
Miles v. Wakefield MDC [1987] AC 539 ································ 93
Moore & Co Ltd and Landauer & Co, Re [1921] 2 KB 519 ······ 110,112
Morris v. CW Martin Ltd [1966] 1 QB 716 ········ 75,76,77,78,79,80
Morton v. Lamb (1797) 7 TR 125 ·· 93
Muirhead v. Industrial Tank Specialities Ltd [1986] QB 507 ············ 69
National Importing & Trading Co, Inc v. EA Bear & Co 155 NE
343 (1972) ·· 119
North Ocean Shipping Co v. Hyundai Construction Co Ltd (The
Atlantic Baron) [1979] QB 705 ································ 15,16,20
Norwich CC v. Harvey [1989] 1 WLR 828 ····························· 65,70
Occidental Worldwide Investment Co v. Skibs A/S (The Siboen and
The Sibotre) [1976] 1 Lloyd's Rep 293 ································ 13
Palmolive Co (of England) v. Freedman [1928] Ch 264 ··············· 49
Pao On v. Lau Yiu Long [1980] AC 614 ······························ 14,17,33
Pepper v. Hart [1993] AC 593 ··· 95
Photo Production Ltd v. Securicor Transport Ltd [1980]
AC 827 ····················· 107,116,117,125,128,129,133,135,136
Pinnell's case (1602) 5 Co Rep 177a ····························· 23,26,28,45
Pitt v. PHH Asset Management Ltd [1994] 1 WLR 327 ················ 18
Port Line Ltd v. Ben Line Steamers Ltd [1958] QB 146 ··············· 48
Practice Direction [2001] 1WLR 1001 ····································· 2
Price v. Easton (1833) B & Ad 433 ·· 47
Proodos C, The See Syros Shipping Co SA v. Elaghill Trading Co (The
Proodos C)
Pyrene Co Ltd v. Scindia Navigation Co Ltd [1954] 2
QB 402 ······································· 28,53,55,73,74,75
Reardon Smith Line Ltd v. Hansen-Tangen (The Diana Prosperity)
[1976]1 WLR 989 ·· 112
Robert C Herd v. Krawill Machinery Corp 359 US 297
(1959) ··· 57,61,62,65,103
Rookes v. Barnard [1964] AC 1129 ·· 33
Rowland v. Divall [1923] 2 KB 500 ······································· 136

Salmond & Spraggon (Australia) Pty Ltd v. Joint Cargo Service Ltd
 (The New York Star) [1979] 1 Lloyd's Rep 298; reversed
 [1981] 1 WLR 138 ·· 67
Schebsman (Decreased) Ex p. Official Receiver, Re [1944]
 Ch 83; affirming [1943] Ch 366 ································ 52,86,101
Scruttons Ltd v. Midland Silicones Ltd [1962] AC 446; [1959] 2
 QB 171 ······ 4,47,54,55,57,58,59,60,62,63,64,65,66,67,68,70,
  71,73,74,75,76,77,78,79,80,81,82,997,99,103
Selectmove, Re[1995] 1 WLR 474 ·· 45
Shadwell v. Shadwell (1860) 9 CB (NS) 159 ······························· 17
Siboen, The See Occidental Worldwide Investment Co v. Skibs A/S
 (The Siboen and The Sibotre)
Sibotre, The See Occidental Worldwide Investment Co v. Skibs A/S
 (The Siboen and The Sibotre)
Simaan General Contracting Co v. Pilkington Glass Ltd (No 2) [1988]
 QB 758 ·· 81
Simon Container Machinery v. Embra Machinery AB [1998] 2 Lloyd's
 Rep 428 ·· 18
Smeaton Hanscomb & Co Ltd v. Sassoon I Setty, Son & Co (No 1)
 [1953] 1 WLR 1468 ·· 130,133
Smith and Snipes Hall Farm v. River Douglas Catchment Board
 [1949] 2 KB 500 ·· 49,53,74
Société Italo-Belge pour le Commerce et l'Industrie v. Palm & Vegetable
 Oils (Malaysia) Sdn Bhd (The Post Chaser) [1981] 2 Lloyd's
 Rep 695 ·· 120
Sorsbie v. Park (1843) 12 M & W 146 ·· 86
State Trading Corporation of India Ltd v. M Golodetz Ltd [1989] 2
 Lloyd's Rep 277 ·· 5,120
Stewart v. Reavell's Garage [1952] QB 545 ································· 82
Stilk v. Myrick (1809) 2 Camp 317; 6 Esp129 ··· 11—12,20,21,42,43
Stromdale and Ball Ltd v. Burden [1952] Ch 223 ························· 95
Suisse Atlantique Societe d' Armement SA v. NA
 Rotterdamsche Kolen Centrale [1967] 1
 AC 361 ·· 5,128,132,133,135

Swain v. Law Society [1983] 1 AC 598 ······················· 97,99
Syros Shipping Co SA v. Elaghill Trading Co (The Proodos C)
　[1980] 2 Lloyd's Rep 390 ····························· 11,20,43
Taylor v. Caldwell (1863) 3 B & S 826 ···························· 2
TFL Prosperity, The See Tor Line AB v. Alltrans Group of Canada Ltd
　(The TFL Prosperity)
Thornton Springer v. NEM Insurance Co Ltd [2000] 2 All ER 489 ······ 37
Tomlinson v. Gill (1756) Amb 330 ····························· 51
Tor Line AB v. Alltrans Group of Canada Ltd (The TFL Prosperity)
　[1984] 1 WLR 48 ·································· 129,132
Torvald Klaveness A/S v. Arni Maritime Corp (The Gregos) [1994] 1
　WLR 1465 ·· 118
Tradax International SA v. Goldschmidt [1977] 2 Lloyd's Rep 604 ··· 118
Tradigrain SA v. King Diamond Shipping SA (The Spiros C) [2000]
　2 Lloyd's Rep 319 ······································· 90
Trident Insurance Co Ltd v. McNiece Bros Pty Ltd (1988) 165
　CLR 107 ·· 102
Tweddle v. Atkinson (1861) 1 B & S 393 ············· 47,48,52,60,95
Union Eagle Ltd v. Golden Achievement Ltd [1997] AC 514 ······ 6,123
Universe Bulk Carriers Ltd v. Andre & Cie [2001] EWCA Civ 588；
　[2001] 2 Lloyd's Rep 65. ································· 120
Walker v. Medlicott [1999] 1 WLR 727 ·························· 89
Ward v. Byham [1956] 1 WLR 496 ······························ 18
Warde, Michael J v. Feedex International Inc (No 2) [1981] 2
　Lloyd's Rep 289 ·· 120
Watkins v. Carrig 21 A 2d 591 (1941) ······················ 15,16
Weston v. Downes (1778) I Dougl 23 ·························· 37
White v. Jones [1995] 2 AC 207 ·························· 72,81,88
Wibau Maschinenfabrik Hartman SA v. Mackinnon & Co (The Chanda)
　[1989] 2 Lloyd's Rep 494 ································ 129
Wickham, Re (1918) 34 TLR 158 ······························ 33
Williams v. Roffey Brothers & Nicholls (Contractors) Ltd [1991]
　1 QB 1 ······················· 4,12,15,16,18—23,42,43—46
Williams v. Williams [1957] 1 WLR 148 ························ 18

Wilson v. Darling Island Stevedoring and Lighterage Co [1956] 1
Lloyd's Rep. 346 .... 57, 61
Woodar Investment Development Ltd v. Wimpey Construction
Co Ltd [1980] 1 WLR 277 .... 90, 92, 99

法 规 表

Bills of Lading Act 1885
　　s 1　72
　　s 3　35
Carriage of Goods by Sea Act 1992
　　s 2(1) 72
Competition Act 1998 …………………………………………… 49
Contracts (Rights of Third Parties) Act 1999 ………… 58,62,66,94,97,
　　　　　　　　　　　　　　　　　　　　　　　101,102,103,104

　　s 1
　　　　(1) ………………………………………………………… 66,103
　　　　　(a) ……………………………………………………… 58,103,104
　　　　　(b) ……………………………………………………… 103,104
　　　　(2) ………………………………………………………… 58,104
　　　　(3) ………………………………………………………… 58,97,101,103
　　　　(4) ………………………………………………………… 103
　　　　(6) ………………………………………………………… 66,104
　　s 3 ……………………………………………………………… 103
　　s 6
　　　　(5) ………………………………………………………… 66
　　s 7 (1) ………………………………………………………… 97,104
Judicature Act 1873
　　s 25(11) ……………………………………………………… 52
Law of Property Act 1925 ………………………………………… 96
　　s 56(1) ………………………………………………… 84,94,95,96,97
　　ss 51—75 ……………………………………………………… 96

Law of Property (Miscellaneous Provisions) Act 1989
　　s 1 85
Law Reform (Frustrated Contracts) Act 1943
　　s 1(2) 2
Marine Insurance Act 1906 .... 5, 127
　　s 33(3) 126, 127, 134
　　s 39 134
Real Property Act 1845 95
Sale of Goods Act 1893 107
Sale of Goods Act 1979 .... 107, 108, 109, 115, 117,
　　　　　　　　　　　　　　　　　119, 124, 125, 126, 127, 128
　　s 10(1) 108
　　s 11(3) 108, 127
　　　 (4) 108, 136
　　s 12
　　　 (1) 136
　　　 (5A) 108
　　s 13 .... 110, 119, 131
　　　 (1) 108
　　　 (1A) 108
　　s 14 .... 124, 126
　　　 (2) 108, 117
　　　 (2B) 117
　　　　 (c) 117, 119
　　　 (3) 108
　　　 (6) 108, 117
　　s 15
　　　 (2) 108
　　　 (3) 108
　　s 15A .... 121—123
　　s 35
　　　 (2) 136
　　　 (4) 136
　　　 (5) 136

s 39(1)(C) ·· 108
s 47 ·· 108
s 48 ·· 108
　(4) ·· 108
s 61(1) ·· 108,116,124
s 62(2) ·· 125
Sale and Supply of Goods Act 1994 ················ 80, 83
　s 4(1) ·· 121
　s 7(1) ·· 121
Supreme Court Act 1981
　s 49(1) ·· 52
Theft Act 1978 s2(1)(a) ································ 27
Unfair Contract Terms Act 1977 ·············· 56,122,132
　s 3(1) ·· 132

法 律 条 文

Consumer Transactions (Restriction on Statements) Order 1976
(SI 1976/1813) ·· 56
Unfair Terms in Consumer Contracts Regulations 1999
(SI 1999/2083) ·· 56

索 引

agreements to vary contracts,变更合同的协议,11—46
    bare pact,单纯一个协定
        defence,抗辩,11
        Roman law,罗马法,11
    consideration,约因,11
        decreasing obligation,减少债务,23—24
        increasing obligation,增加债务,12—16
    creditors. protection of,对债权人的保护,24—28
    cross-overs,融合,42—46
    decreasing obligation,减少债务,11,23—41
        consideration,约因,23—24
        creditors, protection of,对债权人的保护,24—28
        duress;胁迫,23—24
        Foakes v. Beer,24—29
        High Trees case,*High Trees* 案,29—41,参见 estoppel,禁止反言;
            High Trees case,*High Trees* 案
        Williams v. Roffey Bros,43—46
    duress,胁迫
        decreasing obligation,减少债务,23—24
        increasing obligation,增加债务,12—16
    estoppel,禁止反言,11,参见 estoppel,禁止反言;*High Trees* case,*High Trees* 案
    Foakes v. Beer,24—29
    generally,基本上,3—4
    High Trees case,*High Trees* 案,29—41,42—43,参见 estoppel,禁止反

言; High Trees case, High Trees 案
increasing obligation, 增加债务, 11, 12—23
　　benefit to promisor, 允诺人的利益, 16—18
　　consideration, 约因, 12—16
　　duress, 胁迫, 12—16
　　High Trees case, High Trees 案, 42—43
　　public duty cases, 公共责任案件, 16—18
　　public policy, 公共政策, 12—16
　　Stilk v. Myrick, 12—16
　　three-party cases, 三方关系案件, 16—18
　　Williams v. Roffey Bros, 18—23, 参见 Williams v. Roffey Bros
nineteenth-century cases, 19 世纪案件, 11—12
public duty cases, 公共责任案件, 16—18
public policy, 公共政策, 12—16
Roman law, 罗马法, 11
three-party cases, 三方关系案件, 16—18
Williams v. Roffey Bros, 18—23, 43—46, 参见 Williams v. Roffey Bros
American Law Institute's Restatement of Contracts, 美国法律协会的《合同法重述》, 2—3

bailment, 寄托
　　privity, 合同相对性, 53—58, 75—82
　　sub-bailment on terms, 附条件的转寄托, 75—82
　　terms, on, 条件, 53—58
Beswick v. Beswick, 82—105
　　damages in respect of third party's loss, 第三方损失的赔偿, 90—94
　　facts, 事实, 82—84
　　legislative reform, 立法改革, 97—105
　　LPA 1925, s 56(1), 94—97
　　result, 结果, 82—84
　　tort liability, 侵权责任, 88—89
　　ways round privity, 绕开合同相对性原则的方法, 84—88
bills of lading, 提单, 58—64

breach of contract, 违约
　　rescission for, 解除, 107

codification of contract law, 合同法的法典编纂, 4—9
Combe v. Combe, rule in, *Combe v. Combe*、规则, 37—38
conditions, 条件条款, 107—112
　　breach of, 违约, 109—110
　　definition, 定义, 110
　　rescission, 解除, 110—111
　　sale by description, 买卖、描述, 110—112
　　warranties distinguished from, 担保条款、区分, 107—108
consideration, 约因
　　agreements to vary contracts, 变更合同的协议, 11
　　decreasing obligation, 减少债务, 23—24
　　increasing obligation, 增加债务, 12—16
　　definition, 定义, 11
contract law, 合同法
　　future, 未来, 1
contractual terms, 合同条款
　　types, 种类, 参见 types of contractual terms, 合同条款的种类
creditors, 债权人
　　protection of, 保护, 24—28

damages, 损害赔偿, 5
duress, 胁迫
　　agreements to vary contracts, 变更合同的协议
　　　　decreasing obligation, 减少债务, 23—24
　　　　increasing obligation, 增加债务, 12—16

estoppel, 禁止反言
　　agreements to vary contracts, 变更合同的协议, 11
　　facts, relating to, 事实、相关, 38—39
　　formation of contract, 合同结构, 37—38

general principle,基本原则,40—41

High Trees case,analogy in,*High Trees* 案、类比,33—34

legal effects,relating to,法律效力、相关,38—39

promissory,允诺的,33

proprietary estoppel,财产所有人禁止反言,39—40

representation,by,陈述,34,35

types,种类,38—41

exemption clauses,免责条款,5

    bailment on terms,附条件的寄托,53—58

    binding third party,约束合同第三方,70—82

        general rule,一般规则,70—73

        implied contract,默示合同,73—75

        sub-bailment on terms,附条件的转寄托,75—82

        ways round general rule,绕开一般规则的方法,73—82

    fundamental terms,基本条款,128—129

    Himalaya clauses,喜马拉雅条款,64—68

    implied contract,默示合同,73—75

    privity,合同相对性,53—70

        bailment on terms,附条件的寄托,53—58

        binding third party,约束合同第三方,70—82

        Himalaya clauses,喜马拉雅条款,64—68

        Midland Silicones case,*Midland Silicones* 案,58—64

        vicarious immunity,替代豁免,53—58

    sub-bailment on terms,附条件的转寄托,75—82

    vicarious immunity,替代豁免,53—58

Foakes v. Beer,24—29

fundamental terms,基本条款

    concept,概念,129—131

    construction,解释,131—132

    deviation,绕航,132—136

    exemption clauses,免责条款,126—129

    loss of right to rescind,解除合同权利的丧失,136—137

High Trees case, *High Trees* 案, 29—41, 参见 estoppel, 禁止反言
  cause of action, 诉因, 35—38
  estoppel analogy, 禁止反言、类比, 33—34
  facts, 事实, 30—31
  increasing pacts and, 增加债务的协定, 42—43
  protective function, conflict with, 保护机制、冲突, 32—33
  questions arising, 产生问题, 31—32
  representation, estoppel by, 陈述禁止反言, 33—34, 35
  status of case, 案件的地位, 29
Himalaya clauses, 喜马拉雅条款, 64—68
Hong Kong Fir case, *Hong Kong Fir* 案, 113—118

implied contract, 默示合同
  exemption clauses, 免责条款, 73—75
India, 印度, 8
innominate terms, 无名条款, 参见 intermediate terms, 中间条款
insurance warranties, 保险担保条款, 126—128
intermediate terms, 中间条款, 113—121
  development, 发展, 118—121
  Hong Kong Fir case, *Hong Kong Fir* 案, 113—118
  meaning, 含义, 113
  policies, 政策, 118—121
  warranties and, 担保条款, 123—126

landmark contract cases, 具有里程碑意义的合同案例
  background, 背景, 2
  choice, 选择, 2—4
Law Commission, 法律委员会
  codification of contract law, 合同法的法典编纂, 4—9
  First Programme, 第一个项目, 4
  Seventh Annual Report (1972), 第七次年度报告 (1972), 7—8

Midland Silicones case, *Midland Silicones* 案, 58—64

minimum price maintenance agreements,最低价格维持协议
  privity,合同相对性,48—50
mistake,过失,5

performance,履行
  time of,时间,6
privity,合同相对性,47—105
  bailment on terms,附条件的寄托,53—58
  battle over,论战,47—105
  benefit of contract,合同利益,47,48,53
    exemption clauses,免责条款,53—70
  Beswick v. Beswick,82—105,参见 *Beswick v. Beswick*
  bound by contract, third party not,第三方不受合同约束,48,50
  common law rule,普通法规则,47
  drafting devices,拟定合同条款的方式,69—70
  early attacks on doctrine,对这一原则的早期攻击,53
  exemption clauses,免责条款,53—70,参见 exemption clauses,免责条款
    bailment on terms,附条件的寄托,53—58
    binding third party,约束合同第三方,70—82
    Himalaya clauses,喜马拉雅条款,64—68
    Midland Silicones case,*Midland Silicones*案,58—64
    vicarious immunity,替代豁免,53—58
  generally,基本上,4
  Himalaya clauses,喜马拉雅条款,64—68
  legislative reform,立法改革,97—105
  Midland Silicones case,*Midland Silicones*案,58—64
  minimum price maintenance agreements,最低价格维持协议,48—50
  reform,改革,97—105
  trust exception,信托例外,50—53
  Tweddle v. Atkinson,rule in,*Tweddle v. Atkinson*案,规则,47
  United States,美国,47—48
  vicarious immunity,替代豁免,53—58

ways round, 绕开的方法

  Beswick v. Beswick, 84—88

  drafting devices, 拟定合同条款的方式, 69—70

  Himalaya clauses, 喜马拉雅条款, 64—68

proprietary estoppel, 财产所有人禁止反言, 39—40

public policy, 公共政策

  agreements to vary contracts, 变更合同的协议

  increasing obligation, 增加债务, 12—16

rescission, 解除

  breach of contract, for, 违约, 107

  conditions, 条件条款, 110—111

  effect, 效力, 107—108

  general rule, 基本原则, 108

Roman law, 罗马法

  agreements to vary contracts, 变更合同的协议, 11

terms of contract, 合同条款

  conditions, 条件条款, 107—112, 参见 conditions, 条件条款

  fundamental terms, 基本条款

    concept, 概念, 129—131

    construction, 解释, 131—132

    deviation, 绕航, 132—136

    exemption clauses, 免责条款, 128—129

    loss of right to rescind, 解除合同权利的丧失, 136—137

  innominate terms, 无名条款, 参见 intermediate terms, 中间条款

  intermediate terms, 中间条款, 113—121, 参见 intermediate terms, 中间条款

  Sales of Goods Act 1997, s 15A, 1979 年《货物买卖法》, 第 15A 条, 121—123

  warranties, 担保条款, 107—112, 参见 warranties, 担保条款

third-party beneficiaries, 第三方受益人, 5

trusts, 信托

privity,合同相对性,50—53
Tweddle v. Atkinson,rule in,*Tweddle v. Atkinson*、规则,47
types of contractual terms,合同条款的种类,107—137
 conditions,条件条款,107—112,参见 conditions,条件条款
 fundamental terms,基本条款
  concept,概念,129—131
  construction,解释,131—132
  deviation,绕航,132—136
  exemption clauses,免责条款,128—129
  loss of right to rescind,解除合同权利的丧失,136—137
 generally,基本上,4
 innominate terms,无名条款,参见 intermediate terms,中间条款
 intermediate terms,中间条款,113—121,参见 intermediate terms,中间条款
 Sales of Goods Act 1979, s 15A,1979 年《货物买卖法》,第 15A 条,121—123
 warranties,担保条款,107—112,参见 warranties,担保条款

Uniform Commercial Code,《统一商法典》,3
United States,美国
 American Law Institute's Restatement of Contracts,美国法律协会的《合同法重述》,2—3
 Field Code States,适用菲尔德法典的美国各州,8
 privity,合同相对性,47—48
 Uniform Commercial Code,《统一商法典》,3

variation of contract,合同的变更
 agreements,协议,参见 agreements to vary contracts,变更合同的协议
vicarious immunity,替代豁免
 exemption clauses,免责条款,3—8
 privity,合同相对性,53—58

warranties,担保条款,107—112

conditions distinguished from,条件条款、区分,107—108

definition,定义,108—109

insurance,保险,126—128

intermediate terms and,中间条款和,123—126

rescission,解除,109

Williams v. Roffey Bros,18—23, 43—46

decreasing pacts and,减少债务的协定和,43—46

earlier cases, relation to,早期案例、关系,20—23

facts,事实,8—19

generally,基本上,18

results,结果,18—19

法译馆·讲演录

本丛书将陆续推出世界一流法学家的演讲或讲座辑录。

这些短篇作品集中阐述了作者的代表性观点,面世后即广受学界好评,已经或可能成为该领域学说史上的里程碑之一;因其源于讲演形式,所以不失深入浅出、简约精当的特点,即使是法学本科生也可以信手翻阅。

读惯了厚重的名著之后,这套"简明版"的名家经典或许会为您带来不一样的清新气息……

隆重首推:

牛津大学 Clarendon Law Lectures 知名学者的精彩讲学:

1. Harlow,Carol:《国家责任:以侵权法为中心展开》
2. Zimmermann,Reinhard:《罗马法、当代法与欧洲法:现今的民法传统》
3. Treitel,Guenter:《二十世纪合同法的几个里程碑》
4. Weir,Tony:《经济侵权》
5. Cornish,William:《知识产权:无所不在,正在转移还是毫不相关?》
6. Gummow,W.M.:《变革与连续:制定法、衡平法与联邦制》
7. Posner,Richard A.:《英国与美国的法律及其理论》
8. Maitland,Frederick W.,Baker,John H.:《英国法与文艺复兴》